英語グラマー

中部英語研究会・編

は　し　が　き

　昔とちがって、現在のように交通機関が発達し、世界が小さくなりつつある時代にあって、英語の必要性や重要性が叫ばれるのは当然である。しかし、我々日本人にとって英語をマスターしようとするには、英語を母国語とする人々とは異なった方法で学習しなければならない。そこに英文法の知識が必要になってくるのである。

　元来、文法は英語を学習するうえで非常に修得しやすい分野である。にもかかわらず、多くの学生が文法に過重の負担と戸惑いや焦りを感じてきたのは、それが指針なき学習であったことによる。文法事項をやみくもにできるだけ多く覚え込もうとする非能率的な学習を余儀なくされてきたからである。相当な努力にもかかわらず成果に乏しく十分な力を身につけえないのは生半可な理解と有機性を欠いた知識による場合が少なくない。

　我々が真剣に英文法を学習することは知的にたいへん興味のあることである。言葉に自然に一応の規則ができているということ自体もおもしろいし、最近の文法や語法がどのように合理的に変わってきているかなどを調べたり、それを書いたり話したりする人たちのものの考え方や、さらにそれを通して英米の風俗・習慣などを研究・理解することは、実は意外に楽しいことなのである。それと同時に現代の英語や米語が実際にはどのように使われているのかを正しく知ることは、本当に必要なことである。

　本書は我々日本人にとって、英語を正しく理解し、使用できるように編纂した英文法書である。特に必要と思われる箇所には、随時〈注意〉の欄をもうけ注意を喚起した。またすべての英文に日本語訳をつけたが、これはあくまで参考程度にしていただいて、よりよい日本語訳を各自で工夫して考えてもらいたい。各章ときには節の終わりに、各々のところで扱った文法、英作文の練習問題がつけてある。一章一節読み終えるごとに理解の度を試し、十分でなかったら、前にもどって読みなおしてください。諸君の英語学習の意欲を高める上で、本書が少しでも役に立ってくれれば筆者にとってこれにまさる喜びはない。

目　　　次

第1章　文 ・・・・・・・・・・・・・・・・・・・・・・・・・・・・・・・・1

§1.　文 ・・・・・・・・・・・・・・・・・・・・・・・・・・・・・・・・・1
§2.　語と品詞 ・・・・・・・・・・・・・・・・・・・・・・・・・・・・・・1
§3.　句 ・・・・・・・・・・・・・・・・・・・・・・・・・・・・・・・・・3
　1.　句の種類 ・・・・・・・・・・・・・・・・・・・・・・・・・・・・・3
§4.　節 ・・・・・・・・・・・・・・・・・・・・・・・・・・・・・・・・・4
　1.　節の種類 ・・・・・・・・・・・・・・・・・・・・・・・・・・・・・4
　練習問題 1 ・・・・・・・・・・・・・・・・・・・・・・・・・・・・・・5
§5.　文の種類 ・・・・・・・・・・・・・・・・・・・・・・・・・・・・・7
　1.　意味上の分類 ・・・・・・・・・・・・・・・・・・・・・・・・・・7
　2.　構造上の分類 ・・・・・・・・・・・・・・・・・・・・・・・・・・8
　練習問題 2 ・・・・・・・・・・・・・・・・・・・・・・・・・・・・・10

第2章　名詞 ・・・・・・・・・・・・・・・・・・・・・・・・・・・・・・11

§1.　名詞の種類 ・・・・・・・・・・・・・・・・・・・・・・・・・・・11
　1.　普通名詞 ・・・・・・・・・・・・・・・・・・・・・・・・・・・・11
　2.　集合名詞 ・・・・・・・・・・・・・・・・・・・・・・・・・・・・11
　3.　物質名詞 ・・・・・・・・・・・・・・・・・・・・・・・・・・・・12
　4.　抽象名詞 ・・・・・・・・・・・・・・・・・・・・・・・・・・・・12
　5.　固有名詞 ・・・・・・・・・・・・・・・・・・・・・・・・・・・・12
§2.　名詞の数 ・・・・・・・・・・・・・・・・・・・・・・・・・・・・13
　1.　規則複数 ・・・・・・・・・・・・・・・・・・・・・・・・・・・・13
　2.　不規則複数 ・・・・・・・・・・・・・・・・・・・・・・・・・・14
　練習問題 3 ・・・・・・・・・・・・・・・・・・・・・・・・・・・・・15

§3. 名詞の格・・・・・・・・・・・・・・・・・・・・・・・・・・ 16
1. 主格・・・・・・・・・・・・・・・・・・・・・・・・・・・ 16
2. 目的格・・・・・・・・・・・・・・・・・・・・・・・・・ 17
3. 所有格・・・・・・・・・・・・・・・・・・・・・・・・・ 17
§4. 名詞の性・・・・・・・・・・・・・・・・・・・・・・・・・・ 19
1. 男性・・・・・・・・・・・・・・・・・・・・・・・・・・・ 19
2. 女性・・・・・・・・・・・・・・・・・・・・・・・・・・・ 19
3. 通性・・・・・・・・・・・・・・・・・・・・・・・・・・・ 19
4. 中性・・・・・・・・・・・・・・・・・・・・・・・・・・・ 19
練習問題 4・・・・・・・・・・・・・・・・・・・・・・・ 20

第3章 代名詞・・・・・・・・・・・・・・・・・・・・・・・・・・・ 22

§1. 人称代名詞・・・・・・・・・・・・・・・・・・・・・・・ 22
1. 語順・・・・・・・・・・・・・・・・・・・・・・・・・・・ 22
2. weの用法・・・・・・・・・・・・・・・・・・・・・・・ 23
3. you, they の不定用法・・・・・・・・・・・・・ 24
4. 所有格の用法・・・・・・・・・・・・・・・・・・・ 24
5. itの用法・・・・・・・・・・・・・・・・・・・・・・・ 25
練習問題 5・・・・・・・・・・・・・・・・・・・・・・・ 27
§2. 指示代名詞・・・・・・・・・・・・・・・・・・・・・・・ 28
1. this, thatの用法・・・・・・・・・・・・・・・・ 28
2. suchの用法・・・・・・・・・・・・・・・・・・・・・ 29
3. soの用法・・・・・・・・・・・・・・・・・・・・・・・ 29
4. sameの用法・・・・・・・・・・・・・・・・・・・・・ 30
練習問題 6・・・・・・・・・・・・・・・・・・・・・・・ 31
§3. 不定代名詞・・・・・・・・・・・・・・・・・・・・・・・ 32
1. one の用法・・・・・・・・・・・・・・・・・・・・・ 33
2. noneの用法・・・・・・・・・・・・・・・・・・・・・ 33
3. all の用法・・・・・・・・・・・・・・・・・・・・・ 34

4. every の用法・・・・・・・・・・・・・・・・・・ 34
5. eachの用法・・・・・・・・・・・・・・・・・・・ 35
6. any の用法・・・・・・・・・・・・・・・・・・・ 35
7. someの用法・・・・・・・・・・・・・・・・・・・ 37
8. bothの用法・・・・・・・・・・・・・・・・・・・ 37
9. eitherの用法・・・・・・・・・・・・・・・・・・ 38
10. neither の用法・・・・・・・・・・・・・・・・・ 39
11. other の用法・・・・・・・・・・・・・・・・・・ 39
12. another の用法・・・・・・・・・・・・・・・・・ 40
練習問題 7・・・・・・・・・・・・・・・・・・・・ 41

第4章 関係詞・・・・・・・・・・・・・・・・・・・・・ 43

§1. 関係代名詞・・・・・・・・・・・・・・・・・・・ 43
1. 働き・・・・・・・・・・・・・・・・・・・・・ 43
2. 種類と格の変化・・・・・・・・・・・・・・・・ 43
3. 二種の用法・・・・・・・・・・・・・・・・・・ 44
4. 関係代名詞の用法・・・・・・・・・・・・・・・ 45
5. 複合関係代名詞・・・・・・・・・・・・・・・・ 48
6. 前置詞＋関係代名詞・・・・・・・・・・・・・・ 48
練習問題 8・・・・・・・・・・・・・・・・・・・・ 49
§2. 関係形容詞・・・・・・・・・・・・・・・・・・・ 50
1. 種類と用法・・・・・・・・・・・・・・・・・・ 50
§3. 関係副詞・・・・・・・・・・・・・・・・・・・・ 51
1. 種類と用法・・・・・・・・・・・・・・・・・・ 51
練習問題 9・・・・・・・・・・・・・・・・・・・・ 53

第5章 冠詞・・・・・・・・・・・・・・・・・・・・・ 54

§1. 不定冠詞・・・・・・・・・・・・・・・・・・・・ 54

1. 用法・・・・・・・・・・・・・・・・・・ 54

§2. 定冠詞・・・・・・・・・・・・・・・・・ 55

1. 用法・・・・・・・・・・・・・・・・・・ 55

§3. 冠詞の省略・・・・・・・・・・・・・・・ 58

1. 人に呼びかけるとき・・・・・・・・・・・・ 58

2. 家族や親戚を表すとき・・・・・・・・・・・ 58

3. 役職、身分を表す語が次のように用いられる場合・・・・ 58

4. 食事名、病名の場合・・・・・・・・・・・ 59

5. 対句の場合・・・・・・・・・・・・・・・ 59

6. 「前置詞＋名詞」が一つの成句となる場合・・・・・・ 59

練習問題 10 ・・・・・・・・・・・・・・・・ 59

第6章 形容詞・・・・・・・・・・・・・・・・・ 61

§1. 種類・・・・・・・・・・・・・・・・・・ 61

1. 性状形容詞・・・・・・・・・・・・・・・ 61

2. 数量形容詞・・・・・・・・・・・・・・・ 61

3. 代名形容詞・・・・・・・・・・・・・・・ 62

4. 数詞・・・・・・・・・・・・・・・・・・ 62

§2. 用法・・・・・・・・・・・・・・・・・・ 63

1. 限定用法・・・・・・・・・・・・・・・・ 64

2. 叙述用法・・・・・・・・・・・・・・・・ 64

練習問題 11 ・・・・・・・・・・・・・・・・ 65

第7章 副詞・・・・・・・・・・・・・・・・・・ 67

§1. 種類・・・・・・・・・・・・・・・・・・ 67

1. 単純副詞・・・・・・・・・・・・・・・・ 67

2. 文修飾副詞・・・・・・・・・・・・・・・ 68

§2. 語形・・・・・・・・・・・・・・・・・・ 68

1. 「形容詞＋-ly 」の形の副詞・・・・・・・・・・・・・ 68

2. 形容詞と同形の副詞・・・・・・・・・・・・・・・・ 69

3. -ly がつく形とつかない形で意味が全然違う副詞・・・・・ 69

§3. 注意すべき副詞・・・・・・・・・・・・・・・・・・ 70

1. very, much の用法・・・・・・・・・・・・・・・ 70

2. ago, before, since の用法・・・・・・・・・・・・・ 70

3. hardly, scarcely, seldom, rarely の用法・・・・・・・ 71

4. alreadly, yet, still の用法・・・・・・・・・・・・ 71

5. once, ever の用法・・・・・・・・・・・・・・・ 72

練習問題 12 ・・・・・・・・・・・・・・・・・・・ 72

第8章　比較・・・・・・・・・・・・・・・・・・・・・ 74

§1. 比較級、最上級の作り方・・・・・・・・・・・・・・ 74

1. 規則変化・・・・・・・・・・・・・・・・・・・・ 74

2. 不規則変化・・・・・・・・・・・・・・・・・・・ 75

3. 注意すべき不規則変化語・・・・・・・・・・・・・・ 76

4. ラテン比較級・・・・・・・・・・・・・・・・・・ 77

§2. 比較構文・・・・・・・・・・・・・・・・・・・・・ 77

1. 原級構文・・・・・・・・・・・・・・・・・・・・ 77

2. 比較級構文・・・・・・・・・・・・・・・・・・・ 79

3. 最上級構文・・・・・・・・・・・・・・・・・・・ 81

4. 比較に関する文の書き換え・・・・・・・・・・・・・ 83

練習問題 13 ・・・・・・・・・・・・・・・・・・・ 83

第9章　動詞・・・・・・・・・・・・・・・・・・・・・ 85

§1. 種類・・・・・・・・・・・・・・・・・・・・・・ 85

1. 完全自動詞・・・・・・・・・・・・・・・・・・・ 85

2. 不完全自動詞・・・・・・・・・・・・・・・・・・ 85

3. 完全他動詞・・・・・・・・・・・・・・・・・・・・ 85

4. 授与動詞・・・・・・・・・・・・・・・・・・・・・・ 86

5. 不完全他動詞・・・・・・・・・・・・・・・・・・・ 86

§2. 動詞の活用・・・・・・・・・・・・・・・・・・・・・ 87

1. 規則動詞・・・・・・・・・・・・・・・・・・・・・・ 87

2. 不規則動詞・・・・・・・・・・・・・・・・・・・・ 88

3. 過去形、過去分詞形の両方とも二通りの形がある動詞・・・ 89

4. 一致・・・・・・・・・・・・・・・・・・・・・・・・ 89

5. 群動詞・・・・・・・・・・・・・・・・・・・・・・・ 90

練習問題 14 ・・・・・・・・・・・・・・・・・ 91

第10章 時制・・・・・・・・・・・・・・・・・・・・・・ 93

§1. 種類・・・・・・・・・・・・・・・・・・・・・・・・ 93

§2. 用法・・・・・・・・・・・・・・・・・・・・・・・・ 93

1. 現在時制・・・・・・・・・・・・・・・・・・・・・ 94

2. 過去時制・・・・・・・・・・・・・・・・・・・・・ 95

3. 未来時制・・・・・・・・・・・・・・・・・・・・・ 95

4. 現在完了時制・・・・・・・・・・・・・・・・・・ 98

5. 過去完了時制・・・・・・・・・・・・・・・・・・ 99

6. 未来完了時制・・・・・・・・・・・・・・・・・・100

7. 現在進行形・・・・・・・・・・・・・・・・・・・100

8. 過去進行形・・・・・・・・・・・・・・・・・・・101

9. 未来進行形・・・・・・・・・・・・・・・・・・・101

10. 現在完了進行形・・・・・・・・・・・・・・・・102

11. 過去完了進行形・・・・・・・・・・・・・・・・102

12. 未来完了進行形・・・・・・・・・・・・・・・・102

練習問題 15 ・・・・・・・・・・・・・・・・・103

第11章 助動詞・・・・・・・・・・・・・・・・・・・・105

§1. 種類・・・・・・・・・・・・・・・・・・・・・・105
　1.　動詞としても用いられる語・・・・・・・・・・・・105
　2.　助動詞としてだけ用いられる語・・・・・・・・・・105
§2. 特徴・・・・・・・・・・・・・・・・・・・・・・105
§3. 用法・・・・・・・・・・・・・・・・・・・・・・105
　1.　be　の用法・・・・・・・・・・・・・・・・・・105
　2.　have　の用法・・・・・・・・・・・・・・・・・106
　3.　do　の用法・・・・・・・・・・・・・・・・・・106
　4.　need　の用法・・・・・・・・・・・・・・・・・107
　5.　dare　の用法・・・・・・・・・・・・・・・・・107
　6.　will　の用法・・・・・・・・・・・・・・・・・107
　7.　would　の用法・・・・・・・・・・・・・・・・108
　8.　shall　の用法・・・・・・・・・・・・・・・・108
　9.　should　の用法・・・・・・・・・・・・・・・・109
　10.　can, could　の用法・・・・・・・・・・・・・110
　11.　may, might　の用法・・・・・・・・・・・・・111
　12.　must　の用法・・・・・・・・・・・・・・・・111
　13.　ought to　の用法・・・・・・・・・・・・・・112
　14.　used to の用法・・・・・・・・・・・・・・・113
　　練習問題 16 ・・・・・・・・・・・・・・・・・・113

第12章　準動詞・・・・・・・・・・・・・・・・・・・115

§1. 不定詞・・・・・・・・・・・・・・・・・・・・・115
　1.　用法・・・・・・・・・・・・・・・・・・・・・115
　　練習問題 17 ・・・・・・・・・・・・・・・・・・119
§2. 分詞・・・・・・・・・・・・・・・・・・・・・・120
　1.　用法・・・・・・・・・・・・・・・・・・・・・120
　　練習問題 18 ・・・・・・・・・・・・・・・・・・124

§3.　動名詞・・・・・・・・・・・・・・・・・・・・125
1.　用法・・・・・・・・・・・・・・・・・・・・・125
2.　完了形の動名詞・・・・・・・・・・・・・・・126
3.　動名詞の意味上の主語・・・・・・・・・・・126
4.　動名詞を含む慣用表現・・・・・・・・・・・127
5.　動名詞と不定詞・・・・・・・・・・・・・・129
練習問題 19 ・・・・・・・・・・・・・・・・・131

第13章　仮定法・・・・・・・・・・・・・・・・・133

§1.　用法・・・・・・・・・・・・・・・・・・・・133
1.　仮定法現在・・・・・・・・・・・・・・・・133
2.　仮定法過去・・・・・・・・・・・・・・・・133
3.　仮定法過去完了・・・・・・・・・・・・・・134
4.　should　と　were to・・・・・・・・・・・134
5.　if　の省略・・・・・・・・・・・・・・・・135
6.　if　以外の条件を表す形式・・・・・・・・135
7.　仮定法による慣用表現・・・・・・・・・・・137
練習問題 20 ・・・・・・・・・・・・・・・・・137

第14章　態・・・・・・・・・・・・・・・・・・・139

§1.　受動態の作り方・・・・・・・・・・・・・・139
1.　第3文型の受動態・・・・・・・・・・・・・139
2.　第4文型の受動態・・・・・・・・・・・・・139
3.　第5文型の受動態・・・・・・・・・・・・・140
4.　群動詞の受動態・・・・・・・・・・・・・・140
5.　by　以外の前置詞を用いる場合・・・・・・141
6.　動作の受動態と状態の受動態・・・・・・・・141
7.　疑問文と命令文の受動態・・・・・・・・・・142

8. 能動受動態・・・・・・・・・・・・・・・・・・・142
    練習問題 21 ・・・・・・・・・・・・・・・・・・・142

第15章　前置詞・・・・・・・・・・・・・・・・・・・144

§1. 用法・・・・・・・・・・・・・・・・・・・・・・144
  1. 「時」を表すもの・・・・・・・・・・・・・・・・144
  2. 「場所」を表すもの・・・・・・・・・・・・・・・145
  3. 「原因、理由」を表すもの・・・・・・・・・・・・146
  4. 「原料、材料」を表すもの・・・・・・・・・・・・146
  5. 群前置詞・・・・・・・・・・・・・・・・・・・・147
  §2. 前置詞の位置・・・・・・・・・・・・・・・・・・147
  1. 目的語が疑問詞の場合・・・・・・・・・・・・・・147
  2. 目的語が関係代名詞の場合・・・・・・・・・・・・147
  3. 不定詞句の場合・・・・・・・・・・・・・・・・・148
  4. 動名詞句の場合・・・・・・・・・・・・・・・・・148
  5. 受動態の場合・・・・・・・・・・・・・・・・・・148
    練習問題 22 ・・・・・・・・・・・・・・・・・・・148

練習問題解答例・・・・・・・・・・・・・・・・・・・151

第1章　文（Sentence）

§1.　文（Sentence）

文とはまとまった思想または意味を表す語、あるいは語群である。
多くの文は、その主題となる主部（Subject）と、主題について述べる述部（Predicate）からなる。主部の中心となる語を主語（Subject Word），述部の中心となる語を述語または述語動詞（Predicate Verb）という。

主　　部	述　　部
A rolling stone （ 転石	gathers no moss こけむさず ）
Our School （ 私たちの学校は	stands on a hillside. 山腹にあります ）
The larks （ ひばりは	sing. さえずります ）
It （ それは	makes us happy. 私たちを楽しくさせます ）

§2.　語（Word）と品詞（Parts of Speech）

語は言語における最小の単位である。
語はその文法上の性質によって、次の八品詞に分類される。
名詞（Noun）人、動物、物、事がらなどの名称として用いられる語。

－1－

Tom is a *boy*. （トムは少年です）

Tokyo is the *capital* of *Japan*. （　東京は日本の首都です　）

Honesty is the best *policy*. （正直は最良の策）

代名詞（Pronoun）名詞の代わりに用いられる語。

She likes spring. （彼女は春が好きです）

Heaven helps *those* who help *themselves*.

（天は自ら助くる者を助く）

形容詞（Adjective）名詞を修飾する語。

This is a *useful* book. （　これは有用な本である　）

Tokyo is a *beautiful* city. （　東京は美しい都市です　）

動詞（Verb）動作や状態を述べる語。

Tom *swims* well. （トムはうまく泳ぎます）

My mother *goes* to bed early. （私の母は早く寝る）

副詞（Adverb）動詞、形容詞および他の副詞を修飾する語。

My mother got up *early*. （私の母は早く起きた）

Tom runs *fast*. （トムは走るのが速い）

前置詞（Preposition）名詞や代名詞の前において句を作る語。

I waited *for* him *at* the station *till* five.

（　私は5時まで駅で彼を待った　）

His writing style is *of* the clearest.

（彼の文体は非常に明せきである）

接続詞（conjunction）節、句、語をつなぐ語。

Tom *and* Mary are good friends.

（トムとメアリはよい友達です）

He went across the river *and* into the wood.

（彼は川をわたり森の中にはいって行った）

Though she is poor, she is honest.

（彼女は貧しいが正直です）

間投詞（Interjection）喜びや悲しみ、その他色々な感情を表す語で、文中随所に用いられる。

Oh, I do not know this. (ああ私はこれがわからない)

Bravo! You have done well! (　でかした。うまくやった)

〈注意〉

　　上記の各品詞の定義は十分とは言えない。文中の機能によって他の品詞に転用されることがある。冠詞（Article)と助動詞(Auxiliary Verb)は品詞とは別に独立して扱うことが多いが、分類としては形容詞と動詞のなかに入れるのがふつうである。

§3.　句 (Phrase)

　　句は文中においていくつかの語が集まって、意味上及び機能上一単位として、文を構成するのに参加し、「主語＋述語」の形を備えないもの。

1.　句の種類

(1)名詞句 (Noun Phrase)　文中において、主語、補語、目的語になる句である。

　　Early to bed and early to rise makes a man healthy,wealthy and wise. (早寝早起きは人を健康に、裕福に、賢明にする)

　　I don't know *how to swim.* (私は泳ぎ方を知らない)

(2)形容詞句 (Adjective Phrase) 名詞要素を修飾する形容詞の働きをする。

　　The girl *with blue eyes* is Jane Smith.

　　(青い目の少女はジェーン・スミスです)

　　He has no one *to rely on.* (彼はたよる人がいない)

(3)副詞句 (Adverb Phrase)　動詞、形容詞、副詞を修飾し、副詞の働きをする。

　　Tom will be here *in the afternoon.*

　　(トムは午後ここに来るだろう)

　　I found his story hard *to believe.*

（　私には彼の話が信じにくかった　）

§4.　節（Clause）

　節は文の一部をなしていて、それ自体の中に「主語＋述語」の形式を備えているもの。

　1.　節の種類
　　　節と節が意味上対等の関係であって、等位接続詞（Coordinate Conjunction)によって結ばれた節を等位節（Coordinate Clause)と呼ばれる。等位接続詞には、and, but, or, for などがあり、これらからなる文を（Compound Sentence)という。
　　　節と節が意味上主と従の関係で結ばれているとき主になっている節を主節（Principal Clause)と称し、接続詞によって結ばれている節を従属節（Subordinate Clause）という。主従の関係で節を結び付けている接続詞を従位接続詞（Subordinate Conjunction)という。従位接続詞からなる文を複文（Complex Sentence）という。
　(1)　等位節（Coordinate Clause)
　　　No one listened, *for* they all knew the story.
　　　（　だれも耳をかたむけなかった。というのはみなその話を知っていたから　）
　　　I ate in last night, *but* tonight I am going to eat out.
　　　（　夕べは家のなかで食事をしましたが、今晩は外で食事をするつもりです　）
　　　We did the work ourselves *and* saved a lot of expense.
　　　（　我々はその仕事を自分たちでして、費用を大いに節約した　）
　(2)　従属節（Subordinate Clause)　従属節は文の働きにより、さらに名詞節（Noun Clause)、形容詞節（Adjective Clause）、副詞節（Adverb Clause)の三種類に分類される。

－4－

(a)名詞節 (Noun Clause)

名詞の働きをする節で、文中で主語、目的語、補語、他の名詞と同格になる。

That she was here yesterday can be proved.

(彼女が昨日ここにいたことは証明できる)

I know *that she was here yesterday.*

(彼女が昨日ここにいたことを私は知っている)

(b)形容詞節 (Adjective Clause)

形容詞の働きをして、先導するのは主に関係詞である。

I like a man *who is honest.*

(　私は正直な人が好きです)

Sunday is the day *when they go to church.*

(日曜日は彼らが教会へ行く日である)

(c)副詞節 (Adverb Clause)

副詞の働きをする節で、その意味から、時、場所、理由、条件、譲歩、目的、結果などに分類される。

The waiter brought me oatmeal *when I asked for cornflakes.* (私はコーンフレークを注文したのに、給仕はオートミールを持ってきた)

Although she has a car, she often uses buses and streetcars. (彼女は車を持ってはいるが、しばしばバスや電車を利用します)

The problem is so simple *that my child can understand it.*

(その問題はとても簡単なので私の子供にもわかる)

練 習 問 題 1

1. 次の文の主語、述語動詞を指摘しなさい。

(1) My father went to Tokyo on business yesterday.

(2) The most important subject of all is English.

(3) The man in the garden is my brother.

(4) The telephone on her desk rang.

(5) Please bring me a new knife.

2. 次の文中の句を指摘して、その用法を述べなさい。

(1) After much consideration, she decided which piano to buy.

(2) A bird in the hand is worth two in the bush.

(3) I waited for her at the station till five.

(4) There are many beautiful things to see in Tokyo.

(5) She sat between Tom and me on the bench.

3. 次の文中の節を指摘して、その用法を述べなさい。

(1) It is natural that she should be angry with you.

(2) If that is what she said, I think that she is a liar.

(3) As the tea was very hot, I burned my mouth.

(4) I don't know if he is in Japan now.

(5) I have no friends whom I can depend on.

4. (　　) の中の語または句を用いて、次の文を英語に訳しなさい。

(1) 疲れてはいたが、私は頂上に着くまで歩き続けることにした。
　　(as, till)

(2) 世界がだんだん小さくなるにつれて、英語を学ぶことがますます必要になる。 (as)

(3) 私は去るべきかここにとどまるべきかわからない。
　　(whether, or)

(4) 私はあなたの計画を採用できない、実行できるようには思えないから。(for)

(5) いったん眠りについてしまったら、7時前には目がさめない。
　　(once)

(6) 彼の両親は貧乏だったので、彼を大学へ進学させることはできなかった。(so ～ that)

(7) 戦争ではなく文化によって、世界は一つになると私は思います。

－ 6 －

（ not～but ）

(8) 私がここに移り住んで以来、この町は非常に変わった。

（ since ）

(9) あらしのために、数時間にわたって停電した。

（ because of ）

(10) 私の誕生日は4年に一度まわってきます。いつだかあてることが
できますか。（ when ）

§5.　文の種類

文は意味上から及び構造上から次のように分類される。

1.　意味上の分類

次の五種類ある。それらの中に肯定文（Affirmative Sentence）
と否定文（Negative Sentence）にわけられるものがある。

(1) 平叙文（Declarative Sentence）事実について述べる文。

Tom is fond of English.（トムは英語が好きです）

There are two sides to every question.

（ すべての問題には二つの面がある ）

(2) 疑問文（Interrogative Sentence）色々と尋ねる文。

Are you interested in music?

（ あなたは音楽に興味がありますか ）

Does it rain every day in June?

（ 6月は毎日雨がふりますか ）

(3) 命令文（Imperative Sentence）命令、依頼、忠告等を表す文。

Tell me about your family.

（ あなたの家族について話してください ）

Help yourself to anything you like.

（ 何でも好きなものをとって食べてください ）

(4) 感嘆文 (Exclamatory Sentence) 感動の気持ちを表す。

How beautiful this flower is!

(この花はなんときれいなんでしょう)

What beautiful weather we have!

(なんてすばらしい天気だろう)

(5) 願望文 (Optative Sentence)　祈願や希望を表す。

May you be happy! (あなたがお幸せでありますように)

God bless you! (神が君を祝福してくださいますように)

〈注意〉

　　上に述べた平叙文は事実や考えをそのまま述べる文で、基本形式は「S +V」の語順をとる。文の終わりには終止符を付け、話す場合は普通は下降調 (Falling Intonation) で言う。疑問文は大別して一般疑問(YesまたはNoで答えられるもの)と特殊疑問(疑問詞で始まる疑問文で、Yes やNoでは答えられないもの) がある。

　　Is that water good to drink? (　あの水は飲めますか)

　　Who broke this window? (　だれがこの窓をわったのですか)

命令文は①普通主語は表さないが、特に相手に注意を促したりするときは主語のyou を表すことがある。Smith, you try. (スミス、君やってみなさい)　②命令を強めるためにDoが用いられることがあり、このDoには強勢がある。Do be quiet. (静かにして下さい)③　第一人称、第三人称に対する命令にはLet を用いる。Let me introduce myself to you. (私に自己紹介させて下さい)Let him do that.(それを彼にさせなさい　)

2.　構造上の分類

(1)単文 (Simple Sentence)「S +V」の構文が一つだけの文である。

She bought a new dress. (彼女は新しいドレスを買いました)

Everyone in the community admires Tom for his industry.

(その地域の誰もがトムの勤勉さをほめたたえる)

(2)重文 (Compound Sentence)二つ以上の単文が対等の関係で結びつい

－8－

ている文。つまり「S +V 」の関係が二つ以上含まれていて、それらがand, but, or, for, などの等位接続詞によって結びつけられている文をいう。

Tom is fifteen years old, *but* his brother is only nine.
（トムは１５歳だが、弟はまだ９歳である ）

We know spring is coming, *for* we have seen a robin.
（ 私たちは春だとわかる、こまどりの姿をみたのだから ）

(3)複文 (Complex Sentence) 「S +V 」を二つ以上含み、それらが主と従の関係にあるような文で、従位接続詞や関係詞などによって結びつけられている文をいう。

The store was closed *because* it was Sunday.
（ 日曜日なので、お店はしまっていた ）

That's the girl *whom* Tom saw at the party.
（ あれがトムがパーティで会った少女です ）

I love music *although* I can't play a musical instrument.
（ 私は楽器は弾けないけれども、音楽は好きです ）

(4)混文 (Mixed Sentence) 単文と複文、または複文と複文を等位接続詞で結んだ文をいう。

She knew *what* she wanted, *but* she never told anyone.
（ 彼女は自分の欲しいものがわかっていたが、誰にも言わなかった ）

The train started *when* the bell rang, *and* Tom watched *until* the last carriage had turned the corner. （ ベルがなって電車は発車し、そしてトムは最後の客車が角を曲がってしまうまで見送っていた ）

〈注意〉

　上の複文で従節が形容詞節、副詞節の場合は問題がないが、名詞節のときにその文から従節を除くと不完全な文となる場合がある。例えば I know that she was once a singer. の文において従節の that 以下をとると、I know になるが、これは目的語のない不

－9－

完全な文である。こういったことを解消するために、「S +V 」を備えたものをすべて節と認めて全部を主節とみなし、that以下を主節の中に含まれた目的語としての従節という考え方もある。

練 習 問 題 2

1. 次の下線部を問う疑問文を作りなさい。

(1) There are two books on the desk.

(2) Tom came to Japan three years ago.

(3) Jack intended to go to Japan.

(4) We meant to give her a reward.

(5) Columbus discovered America.

2. 次の各文を指示に従って書き換えなさい。

(1) Your dog barks at strangers. （ 疑問文に ）

(2) You must be kind to old people. （ 命令文に ）

(3) Be a man like him. （ 否定文に ）

(4) You always hit on good ideas. （ 感嘆文に ）

(5) You must not speak so fast. （ 命令文に ）

3. 次の各文を英文に直しなさい。

(1) 朝食の用意ができているのに、トムはまだ起きてこない。

(2) トム、夜は早く寝なさい。そうすれば朝早く起きられますよ。

(3) 彼女の小説は、日本だけでなくほかの国でも読まれています。

(4) 交差点に出るまでまっすぐに行きなさい。

(5) 気前がよいからか、社交的であるからか、彼には友達が多い。

第 2 章　名詞 (Noun)

§1.　名詞の種類

名詞はその性質により、ふつう次の五種類に分類される。
(1) 普通名詞、(2) 集合名詞、(3) 物質名詞、(4) 抽象名詞、(5) 固有名詞

1.　普通名詞 (Common Noun)

同じ種類のものがいくつもあって、固定した形を表す名詞。それは名詞の中でも最も数が多く、種類も多様である。

That man is a *farmer* in the next *village*.

（ あの人は隣村に住む農夫です ）

Dolls and *pictures* are sold at the *store*.

（ あの店では人形と絵が売られています ）

2.　集合名詞 (Collective Noun)

同一種類に属する多くの個人または個物よりなる集合体を表す名詞で、集合名詞は単一集合体として考えられる場合と、それを構成する個々の成員が考えられている場合とがある。後者の場合特に、「衆多名詞」(Noun of Multitude) と呼ばれ、単数形で複数扱いになる。

Her *family* comes from Spain.

（ 彼女の家族はスペインの出身です ）

Her *family* are all tall. （ 彼女の家族の人は皆背が高い ）

There are ten *families* in this apartment building.

（ このアパートには１０世帯います ）

3. **物質名詞 (Material Noun)**

一定の形や区切りのない物を示す名詞。物質名詞はその性質上量的に考えられるので、原則として不定冠詞をつけたり、複数形で用いることはない。

I like *tea* better than *milk*.

（ 私はミルクよりもお茶がすきです ）

Beef is better suited to my stomach than *pork*.

（ 豚肉より牛肉の方が私の胃にはずっとあいます ）

4. **抽象名詞 (Abstract Noun)**

具体的に形をもたないで、性質、状態、動作、行為などの抽象概念を表す名詞。

The general praised the *bravery* of his men.

（ 将軍は部下の勇気をほめた ）

Her mother's *illness* prevented her from going out.

（ 母親の病気で彼女は出かけられなかった ）

5. **固有名詞 (Proper Noun)**

人命、地名のような固有のものを示す名詞で、常に大文字で書きはじめる。

I haven't read much *Hemingway*.

（ 私はヘミングウェイをあまり読んでいません ）

He obtained his education in *Amsterdam*.

（ 彼はアムステルダムで教育をうけた ）

〈注意〉

名詞は数えられるものと数えられないものとにわけられる。数えられる名詞は可算名詞 (Countable Noun)、数えられない名詞は不可算名詞 (Uncountable Noun) と称し、普通次のようになる。

可算名詞は普通名詞、集合名詞がこれに属し、不可算名詞は物質

－12－

名詞、抽象名詞、固有名詞がこれに属する。ただし、可算名詞であったものも、不可算名詞として用いられたり、また不可算名詞が可算名詞として用いられて具体的な意味を表す場合もある。

The *pen* is mightier than the *sword*.
（ ペンは剣より強い ）
She was a *beauty* in her high school days.
（ 彼女は高校時代美人でした ）

§2.　名詞の数

　英語の名詞には一つの個体を表す単数（Singular）と、二つ以上のものを表す複数（Plural）とがある。
　複数形の作りかたには単数形に-sまたは-es をつける規則型と、それ以外の変化をする不規則型とがある。

1.　　規則複数
(1) 単数形の語尾に-sをつけるもの。
　　これには発音の点で次の三通りがある。
　(a) 有声音で終わる語は[z]
　　　songs, trees, cars, rooms, girls, etc.
　(b) 無声音で終わる語は[s]
　　　months, caps, books, bats, etc.
　(c) 歯擦音で終わる語は[iz]
　　　judges, bridges, garages, roses, etc.
(2) 単数形の語尾に-es をつけるもの。
　　s, x, z, sh, ch,　などで終わる語で、発音は[iz]となる。
　　buses, boxes, quizzes, dishes, benches, etc.
(3) 「子音字＋y 」で終わる語はy をi に変えて-es をつける。発音は[z] となる。
　　cherries, ladies, cities, countries, etc.

－13－

ただし、「母音字＋y 」で終わる語は、そのまま-sをつける。

boys, valleys, chimneys, monkeys, etc.

(4) f，fe，で終わる語はそれをv に変えて-es をつける。発音は
[z] となる。

leaf →leaves, knife →knives, half→halves, etc.

ただし-sをそのままつける語もある。

cliffs, safes, proofs, roofs, chiefs, etc.

また両形を用いる語もある。

scarfs, scarves, staffs, staves, hoofs, hooves, etc.

(5) 「子音字＋o 」で終わる語は-es をつけて、[z] と発音する。

echoes, potatoes, heroes, Negroes, etc.

ただし、外来語や後半が省略された語は-sだけつける。

solos, photos (<photographs), kilos (<kilograms), etc.

2. 不規則複数

(1) 母音変化するもの。

man →men, tooth→teeth, goose→geese, etc.

(2) -en で終わるもの。

child → children, ox → oxen, etc.

(3) 単数、複数同形のもの。

sheep, salmon, trout (ます) ,deer, Japanese, etc.

(4) 複合名詞の複数形。

主要素になっている名詞に-sをつける。

passers-by, brothers-in law, girl friends, etc.

また、名詞を含まない複合語には最後に-sをつける。

forget-me-nots (忘れな草)、go-betweens (仲人)、etc.

(5) 文字、数字の複数には-'s をつける。

the three R's (三つのR), the 1990's (1990 年代)、etc.

(6) 略語の複数形は、-'s をつける。

PTA's, M.P.'s (代議士)、etc.

(7) 外来複数。

datum → data（資料）、crisit → crises（危機）、stimulus →
stimuli（刺激）、thesis → theses（論文）、etc.

(8) 二重複数。

複数形が2種類あって、各々異なった意味を表す。

cloth → cloths（ふきん）、clothes（衣類）

staff → staffs（職員）、staves（棒）etc.

(9) 分化複数。

複数形になったときに、単数形にない意味を生じるもの。

spectacle（光景）
spectacles（めがね）、

good（善）
goods（貨物）、

content（満足）
contents（内容）、

spirit（精神）
spirits（気分）、etc.

練 習 問 題 3

1. 各文の下線の名詞の意味と用法の違いを述べなさい。

(1) (a) The desk takes too much <u>room</u>.
(b) She showed me her <u>room</u>, which looked very nice.

(2) (a) I must have my <u>hair</u> cut.
(b) He has some <u>hairs</u>.

(3) (a) I threw a <u>stone</u> at the snake.
(b) The bridge is built of <u>stone</u>.

(4) (a) What a <u>genius</u> Tom is!
(b) What <u>genius</u> Tom has!

(5) ⎰ (a) What is the secret of eternal <u>youth</u>?
    ⎱ (b) Tom is a promising <u>youth</u>.

2. 次の文の誤りを訂正しなさい。
    (1) You will see many sheeps in that park.
    (2) Tom bought some oranges at a fruits store.
    (3) They shook hand and parted.
    (4) There are seven hundreds girls in our school.
    (5) How many peoples are you going to invite to the party?

3. 次の各語の複数形を書きなさい。
    (1) lark, (2) ring, (3) story, (4) monkey, (5) bench,
    (6) dish, (7) wolf, (8) handkerchief, (9) goose, (10) foot
    (11) potato, (12) hero, (13) deer, (14) son, (15) American

4. 次の各文を英文に直しなさい。
    (1) 彼は大学生で、政治学が専攻科目です。
    (2) ヨーロッパの諸国民はルネッサンスを通して、人間の尊厳を
        自覚するようになった。
    (3) 人間はみんな親切な行いをしたときは、うれしく感ずるもの
        です。
    (4) 彼女はパン1個と肉2ポンドを買いました。
    (5) 警察は脱獄した残酷な殺人犯をまだ逮捕していません。

§3. 名詞の格

    名詞が文中の他の語に対してもつ関係を格という。英語では主格
(Nominative Case)、所有格 (Possessive Case)、目的格
(Objective Case) の3種がある。

1. 主格 (Nominative Case)
    主格は、日本語では「～は、～が」で表わされて、主語、主格補

－16－

語、呼びかけ、そしてこれらの同格語などを表す格である。

Tom went to the movies. （ トムは映画に行った ）

John was elected *chairperson*. （ ジョンは議長に選出された ）

What are you doing, *Tom* ? （ トム、何しているの ）

2. 目的格 （Objective Case）

目的格は、日本語では「〜を、〜に」で表され、動詞と前置詞の目的語、目的格補語、そしてこれらの同格語などを表す格である。

We all know Lawrence, the great *novelist*.

（ 我々はみな偉大な小説家ローレンスを知っている。）

People called him William the *Conqueror*.

（ 人々は彼を征服王ウィリアムと呼んだ ）

〈注意〉

名詞が副詞（ 句 ）の働きをする用法を副詞的目的格 （Adverbial Objective）という。主として時間、距離、方向、数量、程度、様態などをあらわす。

You can do it better *that way*.

（ あなたはそのようにしたほうがよくできる ）

What time do you get up?

（ 何時にあなたは起きますか ）

3. 所有格 （Possessive Case）

英語の名詞の所有格はだいたい日本語の「〜の」に相当し、名詞の格のなかで、意味、用法等において最も複雑である。

(1)所有格のつくり方

　(a)単数名詞の所有格

原則として名詞に、-'s を付加してつくる。ただしこの所有格の形になるのは、ふつう人や動物を表す名詞に用いられ、それ以外の名詞にはofを用いる。-'s の発音は複数名詞-s, 動詞の三人称単数現在の-sの発音と同じである。

（ア）無声音で終わる語は［s］

Jack's car, my wife's hat, etc.

（イ）有声音で終わる語は［z］

the boy's book, a bird's feather, etc.

（ウ）歯擦音で終わる語は［iz］

a horse's tail, James's Palace, etc.

(b)複数名詞の所有格

（ア）-sで終わっている規則複数名詞には'だけをつける。

ladies' gloves, a girls' hats, etc.

（イ）-sで終わらない不規則複数名詞には 's をつける。

mice's paws, a children's hospital, etc.

(c)複合名詞または語群の所有格

複合名詞や語群の場合は最後の語に 's をつける。

my father-in-law's house, the Queen of England's reign

（英女王の統治 ）、etc.

(2)所有格の意味、用法

(a)所有関係

所有者を表す。所有格の次のhouse, storeなどはよく省略
される。

We had a good time at our *teacher's*.

（ 私達は先生の家で楽しい時をすごした ）

My brother has gone to the *barber's*.

（ 私の兄は床屋に行っています ）

(b)主語関係

所有格の名詞がその後に来る名詞の意味上の主語の関係にな
る。her mother's help (彼女の母の援助 ——彼女の母が援助
したこと)、his father's death (彼の父の死 ——彼の父が
死んだこと)

(c)目的語関係

所有格の名詞がそのあとに来る名詞の意味上の目的語の関係
になる。my brother's rescue (私の兄の援助 ——私の兄を救

－18－

　　　　助すること ）、 her father's murderers （ 彼女の父の殺害者
　　　　——彼女の父を殺害した人 ）
　　(d)目的や用途を表す
　　　　a child's hat, a ladies' hospital

§4.　名詞の性

　　英語の文法上の性（Gender）は、概して自然の性（sex)によって決定
される。その区別は**男性**(Masculine Gender)，**女性**（Feminine Gender)
通性（Common Gender)，**中性**（Neuter Gender)の四つである。

　1.**男性**（Masculine Gender)
　　　男性を表す。自然界の男性と一致して、代名詞は he でうける。
　　father, king, son, etc.

　2.**女性**（Feminine Gender)
　　　女性を表す。自然界の女性と一致して、代名詞は sheでうける。
　　mother, queen, daughter, etc.

　3.**通性**（Common Gender)
　　　男女両性に共通に用いられるもので、代名詞は he または sheで
うける。
　　friend, student, child, etc.

　4.**中性**（Neuter Gender)
　　　性の区別のないもので、代名詞はふつう it でうける。
　　stone, book, pen, etc.
　〈注意〉
　　　通性名詞の child や baby など性の区別がはっきりしないとき
はitでうけることもある。

－19－

男性名詞、女性名詞で別の語をもつものもある。①接尾語によるものに lion→lioness, baron（男爵）→baroness（男爵夫人）, actor→actress などがあり、②語形による男性、女性の区別によるものに bachelor→spinster, ox→cow, lad→lass, nephew→niece などがあり、③性を表す語をつけたりして合成語を作るものに man-servant（下男）→maid-servant（女中）, landlord→landlady, grandfather→grandmother などがある。

無生物を人間になぞらえて、男性または女性の扱いをすることがある。これを無生物の擬人化（Personification）という。主に詩に多い手法である。男性と見なされる語には the sun, winter, summer, day, vice（悪徳）などがあり、女性と見なされる語には the moon, night, spring, virtue（美徳）などがある。

練 習 問 題 4

1. 次の文の誤りを訂正しなさい。
   (1) I will do it for the country sake.
   (2) There is no boy's school in that city.
   (3) Her opinion differs from my mother.
   (4) This book's price is very high.
   (5) Tom returned home after five year's absence.
   (6) I met a friend of my brother at the barber.
   (7) Her face is just like her mother.
2. 次の語と反対の性を表す語を書きなさい。
   (1) god, (2) wife, (3) cock, (4) bride, (5) ox,
   (6) duke, (7) master, (8) actress, (9) uncle, (10) king
3. 次の各文を英文に直しなさい。
   (1) 私の父のこのコートはもうすり切れている。
   (2) 馬を水ぎわまで連れて行くことはできるが、水を飲ませることはできない。

(3) 人がどんな人であるかは、交わる友によってわかる。

(4) スイスは風光明媚で名高い。

(5) 運命はよくその親切さで非難されます。

第3章　代名詞（Pronoun）

代名詞はその性質や機能上から次の3つ（他に2つ）の種類がある。
   (1) 人称代名詞（Personal Pronoun）
   (2) 指示代名詞（Demonstrative Pronoun）
   (3) 不定代名詞（Indefinite Pronoun）

§1.　人称代名詞（Personal Pronoun）

人称の区別を示すもので、性、数、格による語形変化がある。

数・人称	格	主　格	所　有　格	目　的　格
単数	1	I	my	me
	2	you	your	you
	3	he / she / it	his / her / its	him / her / it
複数	1	we	our	us
	2	you	your	you
	3	they	their	them

1.　語順
人称の異なる単数形の人称代名詞が並ぶときは、ふつう2人称、

3人称そして1人称の順となる。you and I/she and I/you, he, and I

しかし複数形の人称代名詞が並ぶときは、ふつう1人称、2人称、3人称の順となる。we and you/you and they/we, you, and they

2. we の用法

(1)編集者、著者の 'we'

編集者や著者が自分を表に出すのを差し控えたり、筆者個人の考えを述べないで、編集部などを代表する意味で用いるもの。

As *we* showed a moment ago, this medicine has some side effects. (上に述べたとおり、この薬には副作用がある)

We are convinced that this is a good book.

(これは良書であると確信します)

(2)君主の 'we'

公文書では君主は I の代わりに we を用いる。この場合だけ再帰代名詞は ourselvesではなく ourselfを用いる。

We have decided that you shall become the adopted husband of our only daughter.

(余はあなたを一人娘の婿として迎えることに決めたのだ)

(3)親心の 'we'

医者、親などが患者や子供をあやしたり、やさしくしたりするのに用いる。

How are *we* feeling this morning?

(今朝、気分はどうですか)

Are *we* feeling better today?

(今日は気分はよくなりましたか)

(4)不定の 'we'

漠然と人を示す we である。

We are often blind to our own faults.

(我々は自分の欠点に気がつかないことがよくある)

We have a lot of hot springs in Oita Prefecture.
（ 大分県には温泉がたくさんあります ）

3. you, theyの不定用法

2人称、3人称を指すのではなく不定の人を表す。

You should never speak ill of others behind their backs.
（ 人は他人の陰口を決して言うべきではない ）

What language do they speak in Canada?
（ カナダでは何語を話しますか ）

They speak English and French in Canada.
（ カナダでは英語とフランス語を話します ）

〈注意〉

youが相手を含まないで、話し手のことだけを述べる場合に用いられることがある。

It wasn't a bad life. You got up eight, had breakfast, went for a walk... （ それは悪くない生活であった。8時に起きて、朝食をとって散歩に行って・・・ ） また所有格の your が「例の」というよくない意味で用いられることがある。

That's what your physicians want to say to you.
（ それは例の医者どもが言いたがることさ ）

4. 所有格の用法

代名詞の所有格の意味が、単に所有にのみ限定されないことは、名詞の所有格の場合と同様である。この他主格関係、目的格関係を表すものがある。

(1) 主格関係

Your praises encouraged that man.
（ あなたのほめた言葉が、あの人を元気づけた ）

His excellence in French is more than they can imagine.
（ 彼は人が想像する以上にフランス語がすぐれています ）

(2) 目的格関係

They went to *her* rescue.

(彼らは彼女を助けに行きました)

5. it の用法

(1) 普通の用法

前に出た語句や文をうける。

I forgot the pen. I left *it* in your house.

(私はペンを忘れた。君の家に置き忘れたのだ)

She's beautiful, and she knows *it*.

(彼女は美しい。そして、そのことを意識している)

(2) 天候、時間、距離の it

特に指すものはなく、天候、時間、距離等を表すために使用される。

It was raining on and off yesterday.

(昨日は雨が降ったりやんだりしていた)

It is two years since I saw her last.

(この前彼女に会ってから2年になります)

It is twenty miles from here to the beach.

(ここから海岸まで20マイルあります)

(3) 状況の it

まったく漠然たるものではなく、話し手と聞き手には内容はそれなりにわかっている。

How is *it* going with you?

(あなたはこのごろどうですか)

It's very pleasant here in Japan.

(この日本での生活は快適です)

(4) 形式主語

主語に不定詞句、動名詞句、名詞節がくるとき文の均斉を保つ上から、形式的に it を主語に用いる。

It is wrong to tell a lie.

（ うそをつくことは悪いことだ ）

It is no use crying over spilt milk.

（ 覆水盆にかえらず ）

It is a pity that she failed.

（ 彼女が失敗したのは気の毒なことだ ）

(5) 形式目的語

　　目的語になるものが不定詞句、動名詞句、名詞節のときは、目的語の位置に it を用いる。

I make *it* a rule to get up early in the morning.

（ 私は朝早く起きることにしている ）

I think *it* dangerous for her to climb the mountain alone.

（ 彼女が一人で登山するのは危険だと私は思います ）

He made *it* clear that he did not like that man.

（ 彼はその人が好きでないことを、はっきりさせた ）

(6) 強調用法の it

　　It is (was) ～ that …　の形で文の一部を強調する。

It was Tom *that* broke the window.

（ 窓ガラスをこわしたのはトムでした　）

It is this cold weather *that* makes her irritable.

（ 彼女がおこりっぽいのはこの寒い天気のせいだ ）

〈注意〉

　　It was to America that he went last year.

　　（ 彼が昨年行ったのはアメリカだった ）

　　この構文では It was ～ that … の３語を除いても、文の意味が通ずる。すなわち It was ～ that … は強めのためにそえた語句であることが明瞭である。同じような構文でも、例えば、It was certain that he would succeed. （ 彼が成功するだろうということは確かであった ）という文では、もし It was ～ that…を除けば、Certain he would succeed. となり、これで

は文として意味をなさない。この文は形式主語構文である。これが強調構文と形式主語構文との違いである。

練 習 問 題 5

1. 次の（　）内に適当な代名詞を入れなさい。

(1) We enjoyed (　) very much.

(2) I thought (　) better not to say anything to her.

(3) What language do (　) speak in Japan?

(4) My pens are upstairs. Will you bring (　) down?

(5) (　) say that smoking is bad for the health.

(6) I take no sugar in (　) coffee.

(7) She is what (　) call a playgirl.

2. It の用法を説明し、次の各文を訳しなさい。

(1) We all consider it wrong to cheat in examination.

(2) Do you know what it is to be a mother?

(3) If you don't know the meaning of a word, look it up in the dictionary.

(4) I have never been sure whether it was a dream that I saw, or the Woman of the Snow.

(5) Because you love each other so much, I have taken it upon myself to authorize your marriage, in lieu of my kinsman, the Lord of Noto.

3. 次の各文を英文に直しなさい。

(1) 1週間ずっと働いたので、日曜日はのんびりしました。

(2) 米国では何語を話しますか。

(3) 彼は当代最大の政治家のひとりであると言われている。

(4) 駅から私たちの学校まで歩いて7分かかります。

(5) 夫が何を着ても彼女はほとんど無関心である。

§2. 指示代名詞 (Demonstrative Pronoun)

「これ」「あれ」とその物を指し示したりする働きをする語を指示代名詞という。

1. this, that の用法
   (1) 時間的、空間的に this は近いもの、that は遠くにあるものをさす。
       Is *this* picture yours? — yes, *that's* mine.
       (この絵は君のですか。 — はい、それは私のです)
   (2) 前出の名詞を受けるとき、thisは近い方の語を指し、thatは遠い方の語を指す。
       Health is more valuable than wealth;
       this cannot give us so much happiness as *that*.
       (健康は富よりも貴重です。富は健康ほどの幸せを我々に与えることはできないから)
   (3) that which は「～のこと (もの)」(=what) の意味を示す。
       That which you told me to do I did.
       (君がしなさいと言われたことはしました)
   (4) that「それ」は前出の名詞の反復をさける場合に用いる。
       The climate here is like *that* [=the climate] of France.
       (ここの気候はフランスの気候に似ている)
   (5) thatは強調の代名詞として、節の反復をさける場合に用いる。
       You must finish the work, and *that* [=you must finish the work] immediately.
       (あなたはその仕事を完成させなければなりません。しかもすぐにですよ)
   (6) this, that の慣用表現
       At this, he turned pale.

-28-

（ これを聞いて、彼は顔が青くなった ）

With this, she left the room.

（ こう言って、彼女は部屋を出ていった ）

The house is very good, and the rent is low *at that.*

（ 家は非常によいし、その上家賃が安いのだ ）

The athletic meeting will be held on May 6, *that is (to say),* next Sunday.

（ 運動会は5月6日、すなわち次の日曜日に行われる ）

2. such の用法
(1) 「そのような人、物、事」の意味を表す。

I don't have many English books, but I will give you *such* as I have. （ 私は英語の本はあまりないが、もっているものをあげましょう ）

Such as have erred must be punished.

（ 誤った人達は罰せられねばならない ）

(2) 後続する as と呼応して用いる。

I let him know *such* things as I considered essential.

（ 私は肝要だと思った事を彼に知らせた ）

(3) 後続する that と呼応して用いる。

I gave her *such* a shock that her face turned white.

（ 私は彼女をひどくびっくりさせたので、彼女の顔はまっさおになりました ）

(4) such as it is [or they are] 「粗末ながら」の意味を表す。

You may use my camera, *such as it is.*

（ こんなカメラですが、私のカメラを使って下さい ）

3. so の用法
(1) 「そう」、「そのように」の意味を表す。

I think *so.* （ 私はそう思う ）

-29-

So I have heard.（そのように私は聞きました）

(2) soが前に出て「～もまた」の意味を表す。

She is discouraged, and *so* am I.

（彼女はがっかりしている、私もそうだ）

(3) 強意用法としての so

この用法は主として女性が用いる。

It was *so* kind of you to write.

（お便りくださってたいへん有り難う）

We are *so* happy together.

（一緒に暮らせてとても幸福です）

(4) so～that…の用法

「非常に～なので…だ」の意味を表す。

He is *so* stupid *that* he cannot understand it.

（彼は非常に愚かなのでそれがわからない）

4. sameの用法

ふつう定冠詞 theをつけて、形容詞用法、代名詞用法、そして副詞用法がある。

(1) 形容詞用法

(a) 種類、性質等を表す。

I have the *same* dictionary as you have.

（私は君のと同じ（種類）の辞書を持っている）

She gave the *same* answer as before.

（彼女は前と同じ答えをした）

(b) where, that などを伴って「同一の」意味を表す。

She took it to the *same* place where she had found it.

（彼女はそれを見つけた場所へ持っていった）

This is the *same* pencil that I lost.

（これは私がなくしたのと同一の鉛筆です）

(c) this, these, that, those等を伴って、「あの、例の」意味

－30－

を表す。

This *same* man is my friend.

(今述べたこの男が私の友人です)

I don't like that *same* Tanaka.

(あの田中というやつは好きではない)

(d) the をつけない場合は「単調な、一本調子な」意味を表す。

Juvenile crimes show a tendency to become somewhat
same. (少年犯罪はやや単調になる傾向を示している)

〈注意〉

通例 the same 〜 as …は「同種、同様のもの」を、the same
〜 that …は「同一のもの」をいうが、その区別は必ずしも厳格
なものではない。

(2)代名詞用法

(a) 「同一人 [物]」の意味を表す。

I never met the *same* again.

(私は再び同じ人に会わなかった)

(b) 「御同様に」の意味を表す。

Happy New Year! とか Merry Christmas! とか言われたとき
のお返しの言葉である。

Happy New Year! — The *same* to you!

(新年おめでとう — おめでとう (ご同様に)

(c) 副詞用法

常に the をつけて「同様に」の意味を表す。

I worked hard the *same* as you did.

(私はあなたと同じように一生懸命に勉強した)

練 習 問 題 6

1. 各文の (　) 内に適する語 (指し示す語) を入れなさい。

(1) The climate of Akita is not so mild as (　) of Okinawa.

－31－

(2) His hat is (　) of a gentleman, but his speech and behavior are (　) of a scamp.

(3) This book is written in (　) easy English that beginners can understand it.

(4) He was born in the (　) year as I.

(5) In (　) days the prices are very high, but we could live cheaper in (　) days.

(6) (　) saying, (　) she did.

(7) It was raining hard (　) day.

2. 各文を和訳し、さらに下線部の語の用法を説明しなさい。

(1) There were pens, pencils, books and <u>such</u> on the desk.

(2) She is a brilliant student and is recognized as <u>such</u> everywhere.

(3) Work and play are both necessary to us; <u>this</u> gives us rest, and <u>that</u> gives us energy.

(4) He came home late every night, and <u>this</u> bothered her a great deal.

(5) Now let me tell you <u>this</u>: you can't get out of doing your duty.

(6) I am hungry. — <u>So</u> am I.

3. 次の各文を英文に直しなさい。

(1) 私もまちがえたが、トムもまちがえた。

(2) 彼らのけんかを止めようとしたが、容易ではなかった。

(3) 私はなくしたのと同じ鉛筆を買った。

(4) もしもし、鈴木さんですか。こちら佐藤です。

(5) 彼女はとても速く走ったので、私は追いつけなかった。

§3.　不定代名詞（Indefinite Pronoun）

　不特定のものや人を表したり、一定しない数量を表したりするのに用

いられる語を不定代名詞という。

1. one の用法
 (1)一般不定の人を表す。
　　無冠詞で用いる。主に一般不定の人を表す場合は we, you, they の方が多く用いられる。
　One ought to give seats to old people.
　（ 老人には席を譲るべきです ）
　One must do *one's* work for *oneself.*
　（ 自分の仕事は自分ですべきです ）
 〈注意〉
　　oneは one's, oneself でうける。ただし anyone, someone, everyone, no one の場合には he or she で受けなければならない。また「一人」を表す one は he or she で受ける。
 (2)前出の名詞を受ける。
　　That bag is too expensive for me. Show me a cheaper *one.*
　　（ あのバッグは私には高すぎます。もう少し安いのを見せてください ）
 (3) one of ＋複数名詞の形での用法
　　It is *one* of the most popular cars that have been manufactured in Japan.
　　（ それはこれまで日本で作られた最も大衆的な車の1つである ）

2. none の用法
 (1) 人、物について「だれも、何も〜ない」の意味に用いる。主として複数形に扱われることが多い。
　　There were *none* present.
　　（ だれも出席していなかった ）
　　None but the brave deserve the fair.
　　（ 勇者だけが美しい人を得る資格がある ）

－33－

(2)副詞用法

none the＋比較級＋for 〜　の形で「〜にもかかわらず少しも
…ではない」の意味に用いる。

She is *none* the better for their treatment.

（ 彼女は彼らの治療を受けたにもかかわらず少しもよくなって
　いません ）

(3) none of〜　の慣用法

It is *none of* your business.

（ それは君の知ったことではない ）

There was *none of* the money left.

（ 金は少しも残っていなかった ）

3. all の用法

(1)代名詞としての用法

All that glitters is not gold.

（ 光るものすべてが金とは限らない ）

(2)形容詞としての用法

「皆の、すべての」の意味で、数にも量にも用いられる。

He lost *all* his pencils. （彼は鉛筆を全部なくした ）

She lost *all* her money.

（ 彼女はお金をすっかりなくした ）

(3)副詞としての用法

「全く、すっかり」の意味に用いる。

Her shoes were *all* covered with mud.

（ 彼女の靴はすっかりどろまみれだった ）

4. every の用法

(1)「一つ一つことごとくの」の意味を表す形容詞である。

Every window is open.

（ 窓という窓がみなあいている　 ）

〈注意〉

この every という語は単数名詞につけて用い、これを受ける動
詞は単数である。

(2)否定語を伴うと「ことごとく〜とは限らない」という部分否定の
意味を表す。

I do not meet her *every* day.

（ 私は毎日彼女に会うわけではない ）

(3) everyが複数名詞を伴う場合。

The Olympic Games are held *every* four years.

（ オリンッピック大会は4年目ごとにおこなわれる ）

5. eachの用法

every が「一つ一つ残らず」の意味であるのに対して、eachは二
つ以上のものについて、「おのおの」の意味である。そしてすべて
単数あつかいである。

(1)代名詞としての用法

They *each* have their own character.

（ 彼らは各々それぞれの性格がある ）

Each of us has a room. （ 私たちには各々の部屋がある ）

(2)形容詞としての用法

He shook hands with *each* one of them.

（ 彼は彼ら一人一人と握手をした ）

Each girl has her own bag.

（ 少女は各々自分のバッグを持っている ）

(3)副詞としての用法

I gave them five apples *each*.

（ 私は彼らに各々りんごを5個ずつ与えた ）

6. any の用法

(1)形容詞としての用法

(a)疑問文、条件文、否定文に用いる。

Do you have *any* books? (本をいくらかおもちですか)

If you have *any* money, please lend me some.

(お金をお持ちでしたら、いくらかおかしください)

I don't have *any* brothers. (私には兄弟が一人もいません)

〈注意〉

疑問文でも人に物を勧めるときは some を用いる。Will you have でも話し手の心のなかで肯定の気持ちが強いときには、some をもちいる。 Didn't he give you *some* money? (彼はあなたにいくらかお金をくれたでしょう) If you have *some* complaints, tell them to me. (なにか不満があるなら、私に言いなさい)

(b)肯定文に用いるときは、単数名詞を伴い「どんな〜でも」の意味を表す。

You can get it at *any* bookseller's

(あなたはどこの本屋でもそれを買える)

Mt. Fuji is higher than *any* other mountain in Japan.

(富士山は日本のどの山よりも高い)

(2)代名詞としての用法

Any of you can answer.

(君達のだれでも答えてよろしい)

If *any* of you don't mind, please shut the doors.

(おさしつかえがなければどうぞドアーを閉めてください)

(3)副詞としての用法

疑問文、条件文、否定文で比較級または too と共に用いる。

Do you feel *any* better today?

(今日はご気分がいくらかはよろしいでしょうか)

If he is *any* better, I will take him for a walk.

(彼が少しでもよければ、散歩に連れて行きましょう)

I will not smoke *any* more.

(私はもうたばこはすわない)

7. someの用法
  (1)形容詞としての用法
    (a)主として肯定文に用い、不定の数、量を表す。
      I have *some* friends in Tokyo.
      (私は東京に数人の友人がいる)
    (b)単数普通名詞とともに用いて、「ある一つ(ひとり)の」の意
      味を表す。
      She keeps *some* dog. (彼女は何かある犬をかっている)
    (c)「中には〜のものもある」の意味で用いて、よく相関語句を表
      すことがある。
      Some people are diligent and others not.
      (よく勉強する人もいれば、勉強しない人もいる)
    (d)数詞を修飾して「約」の意味を表す。
      I waited *some* five minutes. (私は約5分待った)
    (e)「かなりの、ひとかどの」の意味を表す。
      I think she is *some* scholar.
      (彼女はひとかどの学者であると思います)
  (2)代名詞としての用法
      「ある人、いくらか、いくつか」の意味で複数に扱う。
      Some of the passengers went there.
      (乗客のうち数名がそこへ行った)
      She had *some* of her conscience left.
      (彼女は良心をいくらか失わずにいた)
  (3)副詞としての用法
      「やや、多少」の意味を表す。
      I feel *some* better today. (今日は少しは気分がよい)
      She seemed angry *some*. (彼女は少々立腹のようだった)

8. bothの用法
  (1)形容詞としての用法

二つのものをさして「両方の」意味を表す。

Both the girls passed the examination.

（ 少女は二人とも試験に合格した ）

(2)代名詞としての用法

常に複数に扱われ、「両方、両者」の意味を表す。

Men and women *both* enjoyed dancing.

（ 男女ともダンスを楽しんだ ）

(3)副詞としての用法

both…and …の形で、「…も…も」の意味を表す。

My sister can *both* sing and dance.

（ 私の姉は歌も歌えるし、踊りもできる ）

9. eitherの用法

(1)形容詞としての用法

Will you give me *either* picture?

（ どちらかの写真を下さいませんか ）

There were many people on *either* side of the street.

（ 通りのどちらの側にもたくさんの人が集まっていた ）

(2)代名詞としての用法

「（ 二者のうち）どちらか、どちらも」の意味を表す。

Which do you want, a pen or a ball-point pen? ― *Either*

will do. （ ペンとボールペンとどちらが必要なのですか。

― どちらも結構ですよ ）

(3)接続詞としての用法

「(or を伴って）～ かまたは…」の意味を表す。

Either you or I am to blame. （ 君か僕かどちらかが悪い ）

〈注意〉

動詞は2番目の名詞［代名詞 ］に一致する。

(4)副詞としての用法

否定文の後に用いて「も～ない」の意味を表す。

If you do not join, she will not join, *either*.

（ あなたが参加しなければ、彼女もまた参加しないだろう ）

10. neitherの用法

(1)形容詞としての用法

「どちらも～でない」の意味を表す。

Neither hat goes with that coat.

（ どちらの帽子もあの上着にはあわない ）

(2)代名詞としての用法

I want *neither* of those two dogs.

（ 私はあの2匹の犬のどちらも欲しくない ）

(3)副詞としての用法

否定語を伴って「どちらも～ない」の意味を表す。

He *neither* smokes nor drinks.

（ 彼はたばこもすわず酒も飲まない ）

If she does not go to church, *neither* will I.

（ 彼女が教会に行かないなら、私も行かない ）

11. otherの用法

(1)形容詞としての用法

「残りの、他の］の意味で二つまたは二つ以上のものの中から一つをとった残りをさす。

The *other* girls are out. （ 他の少女たちは外にいる ）

(2)代名詞としての用法

(a)「その他のもの」の意味を表す。

Give us some *others*. （ 何かその他のものをください ）

(b)「残りの一つ」の意味を表す。

She has two sons; one is a teacher, the *other* (is) a doctor. （ 彼女には二人の息子がいる。一人は教師で、もう一人は医者です ）

-39-

(c)「残りの全部」の意味を表す。

You may take some of these roses, and give her the
others. (君はこのバラのいくつかをとってよい、そして残りを
彼女にあげなさい)

(3)副詞としての用法

than を伴って「〜でなく」の意味を表す。

I can do no *other* than accept. (私は受け入れざるを得ない)

12. anotherの用法

(1)形容詞としての用法

(a)「さらに一つ」意味を表す。

Please give me *another* cup of coffee.

(もう一杯コーヒーをください)

(b)「別の、異なった」の意味を表す。

From that moment I became quite *another* man.

(そのときから私は全く別人になった)

To learn is one thing, to teach is *another*.

(学ぶことと教えることは別のことです)

(2)代名詞としての用法

(a)「もう一人の人(一つの物)」の意味を表す。

The girl ate four oranges and then asked for *another*.

(少女はみかんを4個食べたうえもう一つくれとねだった)

〈注意〉

one another は通常三者以上のときに用いて、二者のときは
each otherを用いる。

We helped *one another*.

(私たちはお互いに助け合った)

They love *each other*.

(二人はお互いに愛し合っている)

－40－

練 習 問 題 7

1.　次の各文の （　　）内に適する不定代名詞を入れなさい。

(1) You sit on this chair and I'll sit on that (　　).

(2) She lives on the (　　) side of the street.

(3) I'm busy today. Come (　　) day.

(4) I don't have a pencil. Can you lend me (　　).

(5) Do to (　　) as you would be done.

(6) Write your answer on every (　　) line.

(7) She told the children to help one (　　).

(8) They were on good terms with each (　　).

(9) Are there any boys on the ground? No, there are (　　).

(10) Both of the boys tried to pass the entrance examination,
　　 but (　　) has succeeded in it.

2.　次の各組の文の相違を述べなさい。

(1) (a) Haven't I given you any money the day before
　　　　yesterday?

　　 (b) Didn't I give you some money today?

(2) (a) Some of them respect the poet, and others despise him.

　　 (b) Some of them respect the poet, but the others despise
　　　　him.

(3) (a) No one can do it.

　　 (b) No one man can do it.

(4) (a) She keeps some animal in her room.

　　 (b) She keeps some animals in her room.

－ 4 1 －

(5) ⎰ (a) It seemed impossible for both of us to start.
　　⎱ (b) It seemed impossible for either of us to start.

3.　次の各文を英文に直しなさい。

(1) 彼女はその会合に出席しましたが、議論にはどちらの側にもつかなかった。

(2) この2匹の子猫のうちどちらを選んでもよい。

(3) あなたはただ静かにしていさえすればよい。

(4) 彼らはクリスマスにお互いにプレゼントの交換をします。

(5) ひとりはイギリス人、もうひとりはアメリカ人、さらに3人目は日本人でした。

(6) 花瓶に花が2本生けてあります。1本は白ですがもう1本は赤です。

(7) 彼女は学生ひとりひとりに別々の試験をした。

(8) 私は1日おきにふろにはいります。

(9) 机の上に本が4冊ありますが、それぞれが白の表紙です。

(10) 彼女は白バラと赤バラを持っているが、白バラのほうが赤バラよりも美しい。

第4章　関係詞（Relative）

　関係詞（Relative）には関係代名詞（Relative Pronoun），関係形容詞（Relative Adjective），関係副詞（Relative Adverb）の三つがあり、接続詞と代名詞（形容詞、副詞）の働きを兼ねている。

§1.　関係代名詞（Relative Pronoun）

1.　働き
　　たとえばここに、

　　He has a son.
　　The son is studying English in England.

の二つの文があるとして、二つの文を接続詞を用いて連結すれば、
He has a son, and he is studying English in England.（彼には息子がいる。そして彼は英国で英語を勉強している）となる。この文には接続詞 andの他に代名詞 he が入っているけれども、and と heとの二つの語を、一つの語で示すこともできる。それには whoを用いればよいのであって、He has a son who is studying English in England. としても文の意味は変わらない。この whoが関係代名詞といわれているものである。

2.　種類と格の変化
　　関係代名詞は先行詞（Antecedent）の代名詞にもなるが、関係代名詞が率いる節の中で主語、目的語、そして補語として働く場合がある。

－43－

He has a sister.

Her name is Hanako.

→ He has a sister *whose* name is Hanako.

（ 彼には名前が花子という姉がいる ）

She gave me a doll.

She made it herself.

→ She gave me a doll *which* she had made herself.

（ 彼女は自分で作った人形を私にくれました ）

　上の文中の sister や doll を関係代名詞の先行詞という。ふつう先行詞が人のときはwho,動物や物のときはwhichを用いる。また関係代名詞には格の変化がある。これを表示すれば次のようになる。

格　　先行詞	主　　格	所有格	目的格
人	who	whose	whom
物、動物	which	whose of which	which
人、物、動物	that		that

3.　二種の用法

　先行詞に対してその意味を限定、修飾するのを制限用法（Restrictive Use）という。ふつう前にコンマはなく、発音する場合関係代名詞の前に休止をおかないで読む。これに対して、先行詞の意味を限定、修飾するのではなく、単にその性状について追加的に補足、説明するのを継続用法（Continuative Use）という。普通前にコンマがあり、発音する場合関係代名詞の前に休止をおいて読む。

(1)制限用法

He had two sons *who* were teachers.

（ 彼には先生をしている２人の息子がいた ）

　あとの節から「〜である［する］〜の」と先行詞（ この文においては sons ）を制限する用法であって、文の形の上からは関係代名詞の前にコンマをおかない。

(2)継続用法

He had two sons, *who* were teachers.

（ 彼には息子が２人あって、その息子たちは先生をしている ）

　この例文では関係代名詞より前にある節で一応意味をなしており、さらに説明を追加するときの用法である。発音する場合も関係代名詞の前で休止をおいて読む。

〈注意〉

　制限用法の文では関係代名詞節は two sons の意味を限定しており、彼には２人のほかに他の職業についている息子がいたことを示唆している。これに対して継続用法の文では、彼には２人の息子しかいなかったことを述べ、次にその息子は２人とも先生であったことを付加的に説明している。また関係代名詞の前にコンマがあれば継続用法とみなし、コンマがなければ制限用法と考えてよいのであるが、訳をする場合にはコンマの有無に必ずしも作用される必要はない。従ってコンマがなくても訳を打ち切って、さらに訳してもよいことがあるので、文脈をよく考えて処理する必要がある。

4.　　関係代名詞の用法

（1）whoの用法

　先行詞が人の場合に使用して、格の変化がある。制限用法と継続用法のいずれにも用いる。

She has a daughter *who* attends this school.

（ 彼女にはこの学校に来ている娘がいます ）

My wife, *who* is German, can speak English better than

I (do). （私の妻はドイツ人だが、英語を話すのは私よりもうまい）

There was a kind man *whose* name was Harry.
（その名前をハリーといった親切な男がいました）

The people *whom* you met at the meeting are professors.
（会合であなたが会った方々は大学教授です）

Beethoven, *whose* music you have been listening to on the radio, was one of the world's finest composers.
（あなたたちがその音楽をラジオできいていたベートーベンは、
世界で最もすぐれた作曲家のひとりであった ）

(2) whichの用法

先行詞が物、動物の場合に用いられ、**制限用法と継続用法**がある。所有格には whoseと of which があって、主格と目的格は同じ形である。

She bought a doll *which* had blue eyes.
（彼女は青い目の人形を買った）

Mother bought me a fountain pen, *which* I don't like very much. （母が私に万年筆を買ってくれたが、私はそれがあまり好きではありません ）

The house *whose* roof [=the roof of which] you can see belongs to my brother. （屋根が見える家は私の兄の家です ）

Do you like the fountain pen *which* your mother gave to you? （君のお母さんがくれた万年筆を気にいっていますか ）

(3) that の用法

先行詞が人あるいは物のどちらにも用いられるから、who または whichの代用とすることができる。who とwhich には**制限用法と継続用法**があるのに対して、thatは制限用法のみである。そして最上級その他、限定的な語をもつ先行詞には、who, whichよりもthatの方が好まれる傾向がある。

He is not the man *that* he used to be.

（彼は以前のような人ではない）

　Nobody knows the man and the dog *that* were burned to death in the fire.（誰もその火事で焼け死んだ男と犬のことを知らない）

The first man *that* succeeded in swimming across the river was his father.（あの川を泳いで渡るのに成功した最初の人は彼の父でした）

You are the best friend that she has.
（あなたは彼女のもっているいちばんよい友達です）

Who *that* has read Hemingway can ever forget him?
（ヘミングウェイを読んだ人で誰が彼を忘れ得ようか）

(4) what の用法

　その中に先行詞を含んでいる関係代名詞で、「～のこと」の意味であり、単数、複数の両方に用いられる。

What is important in life is to do your best.
（人生で大切なことは最善をつくすことである）

What Mary chose were all excellent.
（メアリーが選んだものは全てすばらしいものばかりだった）

(5) as の用法

　先行詞が such, the same, as などに修飾されているときに用いるのがふつうである。主として制限用法に用いる。

She wears the same suit *as* we do.
　（彼女は私たちと同じ（種類の）服を着ている）

She has such foreign books *as* can't be gotten in Tokyo.
　（彼女は東京で入手できないような外国の本を持っている）

She was an American, *as* I could know by her accent.
　（彼女はアメリカ人だった、そのことを私は彼女のアクセントで知った）

(6) butの用法

　that～ not　の意味で、主節に否定詞の付いた語を先行詞とし

たり、疑問詞を含むときに用いる。

There is no rule *but* has some exceptions.

（ 例外のない規則はない ）

Who is there *but* commits errors?

（ 誤りを犯さない者がいるだろうか ）

(7) than の用法

There are more problems *than* can be solved by him.

（ 彼には解決しきれない問題がある ）

She has more money *than* she can spend.

（ 彼女は使うことができる以上にお金を持っている

→ 彼女は使うことができないほどのお金を持っている ）

5. 複合関係代名詞 (Compound Relative Pronoun)

先行詞を中に含み、who, whom, which, what に ever をつけてつくる。

You may invite *whomever* [=anyone whom] you like.

（ あなたは好きな人をだれでも招待してよい ）

You may take *whichever* [=any of them that] is fit.

（ 適切な物はどれをとってもよい ）

I'll give her *whatever* [=anything that] I have.

（ 私は持っているものは何でも彼女にあげよう ）

6. 前置詞＋関係代名詞

例えば

{ Isn't that the student?
{ You came with him last night.

という二つの文を関係代名詞を用いて書き換えると、Isn't that the student with whom you came last night?（ あれはあなたが昨夜一緒に来た学生ではないですか ）となる。先行詞 studentを指す代名詞 himが関係代名詞 whom に変わるので、him を目的語にとっていた前置詞は whom を目的語にとるのである。

－48－

The hotel *at which* I am staying is very expensive.

（私が滞在してるホテルは非常に高い）

These are the dogs *about which* I told you the other day.

（これらは先日お話した犬です）

Susie, *to whom* you spoke last night, is a pianist.

（昨夜あなたが話しかけたスージーはピアニストです）

This is the house (*which*) she lives *in*.

（これは彼女が住んでいる家です）

〈注意〉

　　　関係代名詞 that, as, butの前には前置詞が来ることはなく、これらは常に節のはじめにおかれる。また関係代名詞は前置詞の目的語となるときに省略できる。この場合は前置詞はそれと関係のある動詞の後におく。

練 習 問 題 8

1.　次の各文の（　　）内に適する関係代名詞を入れなさい。

(1) Her book is the best (　　) has ever been written on that subject.

(2) I gave her a warning, to (　　) she paid no attention.

(3) I went to the park (　　) is famous for its cherry trees.

(4) That is the woman (　　) purse has been stolen.

(5) This is the first good news (　　) has come from my girl friend.

(6) Susie is wearing the same hat (　　) she wore last night.

(7) There was not a man (　　) admired him.

(8) I owe (　　) I am to her.

(9) You may invite (　　) likes to come.

(10) (　　) wants the fountain pen may take it.

2. 次の各組の2文を関係代名詞を用いて1文にしなさい。

(1) { She said she had seen me on the street.
     { It was a lie.

(2) { He had three daughters.
     { They all became actresses.

(3) { This is the fountain pen.
     { I bought it yesterday.

(4) { That is the school.
     { She used to teach Japanese in the school.

(5) { Mt. Everest is a high mountain.
     { Its summit is covered with snow all the year round.

3. 次の各文を英文に直しなさい。
  (1) あそこで本を読んでいる人はおじさんのジョージです。
  (2) 彼女は英国で見聞したことをよく私に話してくれます。
  (3) きょうできることを明日に延ばすな。
  (4) 人は火を利用できる唯一の動物である。
  (5) 私は兄が卒業したのと同じ大学に入学したい。
  (6) 光るものすべてが金とは限らない。
  (7) これは私が探していた本です。
  (8) 私は君と同じ雑誌をとっている。

§2. 関係形容詞 (Relative Adjective)

  1. 種類と用法
    関係形容詞として用いられる語は which, whatおよびその複合形の

whichever, whatever である。

(1) whichの用法

名詞を伴って関係代名詞と同じ働きをする場合に用いられる。

Try *which* method you may, you will succeed.

（ どんな方法をとろうとも、君は成功するだろう ）

It is written in English, *which* language I don't know.

（ それは英語で書かれているが、その言語を私は知らない ）

(2) what の用法

「…するすべての〜」、「…だけの〜」などの意味を表し、しば

しば little, few などをともなう。

The man lost *what* little money he had.

（ その人は少ないながらも所持金をすべてなくした ）

She gave him *what* money she had with her.

（ 彼女は持ち合わせの金をすべて彼にあげた ）

(3) whicheverの用法

「…するどれ（どちら）でも」の意味を表す。

You may read *whichever* magazine you like.

（ 君が読みたいどの雑誌でも読んでよろしい ）

(4) whatever の用法

「…するどんな〜でも」の意味を表す。

You have to go on, *whatever* difficulties come up.

（ どんな困難が起きようと君は先に進まなくてはならない ）

§3.　関係副詞 (Relative Adverb)

1. 種類と用法

関係副詞として用いられる語は when, where, why, how等である。

また複合形には whenever, wherever, however などがある。

(1) whenの用法

Sunday is the day *when* she is very busy.

-51-

（ 日曜日は彼女がとても多忙な日です ）

We were at a loss where to go, *when* [=and then] he came
and took us to a hotel.

（ 私たちがどこへ行ったらよいか途方にくれていると、彼が来て、
ホテルに連れて行ってくれました ）

(2) where の用法

That restaurant *where* we ate supper last night isn't very
good. （ 私たちが昨夜夕食を食べたレストランはあまりよくない ）

We came to the town, *where* [=and there] we stayed for five
days. （ 私たちはその町に来て、そしてそこで5日間滞在した ）

(3) why の用法

There is no reason *why* I should apologize to her.

（ 私が彼女にあやまる理由は何もない ）

(4) how の用法

That was *how* it happened.

（ そんなふうにして、それはおこった ）

(5) 複合関係副詞の用法

主として譲歩の副詞節を導く。

Come and see me *whenever* it is convenient for you.

（ 君の都合のいいときにはいつでも会いに来てください ）

Wherever you go, I will write to you.

（ 君がいくところはどこでも、私は手紙を出します ）

However hard you may try, you will never succeed.

（ あなたがいくら一生懸命やっても、成功しないだろう ）

〈注意〉

関係副詞の前には、先行詞がよく省略される。また time, day,
place, reason, way, manner等の次に来る関係副詞 when, where,
why, howも省略されることがある。さらに関係代名詞 that を代用
するときもある。

-52-

練 習 問 題 9

1. 次の各文の ( ) 内に適する関係副詞を入れなさい。

(1) I still remember the day ( ) I first climbed
Mt. Asama.

(2) They came over to the city, ( ) they were going to
stay for the night.

(3) That apartment house is ( ) I lived as a small
child.

(4) That is ( ) she solved the problem.

(5) ( ) cold it may be, I always get up at six every
morning.

(6) The reason ( ) she failed is quite obvious.

(7) That is the market ( ) vegetables are bought and
sold.

(8) We went to Kagoshima, ( ) we stayed for two days.

2. 次の各文の誤りを訂正しなさい。

(1) That is how I do not like him.

(2) This is the house where I live in.

(3) He talked till it was two o'clock, where she came in as
usual.

(4) He gave me which little money he had in his pocket.

(5) I know the reason which she was angry.

3. 次の各文を英文に直しなさい。

(1) 我々は東京まで一緒に旅をして、そこで別れた。

(2) 彼女と一緒にいると、どうしてこんなに楽しいのかその理由がわ
かりません。

(3) どんなに多忙であっても、ゆっくり食べなければならない。

(4) 彼女は昼食の後にやって来たが、その時には彼らは集まっていま
した。

(5) 来週の日曜日はどうですか。よく一緒に遊んだ公園で10時に会い
ましょう。

-53-

第5章 冠詞 (Article)

冠詞には不定冠詞 (Indefinite Article) の a, anと、定冠詞 (Definite Article) のtheの二つがある。

§1. 不定冠詞 (Indefinite Article)

1. 用法
(1) 漠然と不特定の単数名詞の前に加えられる。

She is a diligent girl. (彼女は勤勉な少女です)

She has a beautiful doll. (彼女は美しい人形を持っている)

(2) 「一つ」の意味を表す。

She will return in a day. (彼女は一日で帰ってきます)

In an instant she was again on her feet.

(彼女は一瞬のうちにまた立ち上がった)

(3) 「同じ」の意味を表す。

Birds of a feather flock together.

(同じ羽の鳥は一緒に集まる —— 類は友を呼ぶ)

They are all of a size. (それらはみな同じ大きさです)

(4) 「ある〜」の意味を表す。

There was a girl in a village.

(ある村に一人の少女がいました)

Her statement is true in a sense.

(彼女の言うことはある意味では真実です)

(5) 「〜につき」の意味を表す。

It costs three thousand yen a kilogram.

（ それは1キロにつき3000円かかる ）

Can you imagine how you feel when you are driving at a speed
of 100 kilometers *an* hour?

（ 時速100 キロで車を運転しているときは、どんな気持ちか想像
できますか ）

(6) その種類に属するもの全体を表す。

A dog is a faithful animal.

（ 犬は忠実な動物である ）

A lion is a strong animal.

（ ライオンは力の強い動物である ）

(7) 慣用表現で用いられる場合。

She was at *a* loss what to do.

（ 彼女はどうしていいか途方に暮れた ）

I am in *a* hurry. （ 私は急いでいる ）

その他：at *a* glance （ 一見して ）, of *a* Sunday （ 日曜日などに ）,
all of *a* sudden （ 突然 ）, in *a* word （ 一言で言えば ）, come
to *an* end （ 終わる ）, etc.

§2. 定冠詞 (Definite Article)

1. 用法

(1) 特定のあるものを表す。

(a) 既出の名詞を受ける。

I have a fountain pen. *The* fountain pen is my mother's
present. （ 私は万年筆を持っている。万年筆は母のプレゼントな
のです ）

(b) 関係詞節、最上級その他の限定修飾語句によって修飾されて特
定化している場合。

I am reading *the* book that he gave me last night.

（ 私は昨夜彼がくれた本を読んでいます ）

It is *the* most interesting book among them.

（ それはそれらのうちでは一番おもしろい本です ）

The capital of Japan is Tokyo.（ 日本の首都は東京です ）

(c) 前後関係で明らかな場合。

Go to *the* station to see your father off.

（ お父さんを見送りに駅まで行きなさい ）

Would you mind opening *the* door?

（ ドアーを開けて頂けませんか ）

(d) 「唯一のもの」を表す場合。

The sun rises in *the* east. （ 太陽は東からのぼります ）

She looked to *the* left. （ 彼女は左の方を見た ）

(e) 固有名詞の前。

固有名詞には theがつくものとつかないものがある。川、海、大洋、運河、船舶、公共建築物、新聞、雑誌等には theがつく。

The Thames runs through London.

（ テムズ川はロンドンを貫流する ）

The Panama Canal connects *the* Pacific with *the* Atlantic.

（ パナマ運河は太平洋と大西洋を結ぶ ）

その他：*the* Mediterranean Sea （ 地中海 ）, *the* Rocky Mountains （ ロッキー山脈 ）, *the* Philippines （ フィリピン群島、フィリピン共和国 ） *the* Asahi （ 朝日新聞 ）, *the* President Wilson （ プレジデント・ウィルソン号 ） etc.

(2) 総称的用法

「the ＋普通名詞」を使って、その種族全体を表す。

The American farmer is fond of gambling.

（ アメリカの農民はとばくが好きです ）

The lion is king of the beasts.

（ ライオンはけものの王様である ）

(3) 抽象的用法

「the ＋普通名詞」が抽象名詞的な意味を表す。

－56－

The pen is mightier than *the* sword.

（ ペン［ 文 ］ は剣［ 武 ］ よりも強い ）

It roused *the* mother in her.

（ それは彼女の母性愛を呼び起こした ）

(4) 「the ＋形容詞」が抽象名詞的な意味を表す。単数扱いである。

She had an ardent yearning for *the* beautiful.

（ 彼女は美しいものに対して強いあこがれをもっていた ）

その他：*the* impossible（ 不可能なこと ）, *the* good（ 善 ）,

the supernatural（ 超自然的なもの ）, etc.

(5) 「the ＋形容詞（分詞）」が「～の人々」を表す。複数扱いである。

The poor envy *the* rich.（ 貧乏人は金持ちをうらやむ ）

その他：*the* wounded（ 負傷者 ）, *the* old（ 老人たち ）, *the*

young（ 若者たち ）etc.

(6) 「単位」を表す。

主として「by the＋単位を表す語」の形で表す。

They are sold by *the* dozen.

（ それらは1ダースいくらで売られる ）

She works by *the* hour.　（ 彼女は時間ぎめで働く ）

(7) 「身体の部分」を表す語の前に用いる。

She patted him on *the* shoulder.

（ 彼女は彼の肩をたたいた ）

A stone struck her on *the* head.

（ 石が彼女の頭に当たった ）

〈注意〉

He patted the cat on the head.（ 彼は猫の頭をたたいた ）
という文は動作の対象となる「猫」とその部分とに重点が置かれ
ている。部分だけに重点をおくのなら、He patted the cat's
head. ともいう。

(8) 慣用表現で用いられる場合。

I'll expect you on Sunday unless I hear to *the* contrary.

－57－

（予定変更のお知らせをいただかないかぎり日曜日にお待ちしております）

He gave the politician money under *the* table.
（彼は政治家にわいろの金を贈った）

その他：to *the* point（要を得た），in *the* end（結局），in *the* wrong（間違って），on *the* increase（増加中で），on *the* decrease（減少中で），etc.

§3.　冠詞の省略

1.　人に呼びかけるとき

Mother, give me some money.（お母さん、お金を下さい）

Driver, does this bus go to Haneda Airport?
（運転手さん、このバスは羽田空港へ行きますか）

2.　家族や親戚を表すとき

Father has just gone fishing.（父はたった今釣りにいった）

Sister is playing the violin in her room.
（姉は部屋でバイオリンをひいています）

3.　役職、身分を表す語が次のように用いられる場合
(1) 固有名詞の前に。

Professor Shimada（島田教授），*King* Arthur（アーサー王），
Lord Derby（ダービー卿）etc.

(2) 固有名詞と同格に置かれたとき。

Elizabeth Ⅱ, *Queen* of England（英国女王エリザベス二世）、
Mr. Suzuki, *Governor* of Kagoshima Prefecture（鹿児島県知事鈴木氏），Dr. Carter, *chairperson* of the committee
（委員長カーター博士）etc.

(3) 補語に用いられたとき。

-58-

He was *Prime Minister* at that time.

（ 彼はその当時首相でした ）

He was elected *President* of the United States.

（ 彼はアメリカ大統領に選ばれた ）

(4) asの後に用いられたとき。

He entered the shop as *manager* of this Club.

（ 彼はこのクラブの支配人として、その店にはいった ）

He is acting as *chairperson*. （ 彼は委員長として働いている ）

4. 食事名、病名の場合

Where did you have *supper* today?

（ 今日はどこで夕食をたべましたか ）

She has *diphtheria*. （ 彼女はジフテリアにかかっている ）

5. 対句の場合

day and *night* （ 昼も夜も ）, from *town* to *town* （ 町から町へ ）, *side* by *side* （ 並んで ）, from *morning* till *night* （ 朝から晩まで ）, etc.

6. 「前置詞＋名詞」が一つの成句となる場合

at first （ 最初は ）, on foot （ 徒歩で ）, at dawn （ 夜明けに ）, by express （ 急行で ）, for example （ たとえば ）, etc.

練 習 問 題 10

1. 次の各文の （　　） 内に必要なら冠詞を入れ、不要なら×印をつけなさい。

(1) Will you kindly tell me （　　） way to （　　） station?

(2) There's （　　） dog outside （　　） window.

(3) Do you know Tanaka, （　　） captain of the baseball team?

(4) Tom cannot be （　　） honest man to do such （　　） thing.

(5) Before going to (　) bed, the girl kissed her mother on (　) cheek.

(6) Mr. Sato was elected (　) mayor of the city.

(7) He takes (　) bath five times (　) week.

(8) (　) writer and (　) poet are present at the party.

(9) That man is (　) writer and (　) statesman.

(10) They take (　) lunch at twelve.

2.　次の各文の誤りを正しなさい。

(1) They are flying from a flower to a flower.

(2) I went to church to see his grave.

(3) All of sudden I felt my house shake.

(4) The other day we went to school to play baseball.

(5) It is comfortable to travel by the train.

(6) I struck him on his head.

(7) The train was running at the rate of 70 miles the hour.

(8) I have hired the car by hour.

(9) The Hibiya Park is a very fashionable place in Tokyo.

(10) We chose him the monitor of our class.

3.　次の各文を英文に直しなさい。

(1)　彼女はたいてい朝出て、晩家に帰る。

(2)　私は間違って彼女の腕をつかんだ。

(3)　飛行機で太平洋を横断するのにどのくらい時間がかかると思いますか。

(4)　一度に二つのことをするな。

(5)　彼らはその日暮らしだ。

(6)　温度は日陰で二十度ある。

(7)　背の高い女の人と低い女の人が一緒に歩いているのを見た。

(8)　母は夕食の肉を買いに市場に行きました。

第6章　形容詞（Adjective）

§1.　種類

名詞または代名詞を修飾する語であって、性状形容詞（Qualifying Adjective）, 数量形容詞（Quantitative Adjective）, 代名形容詞（Pronominal Adjective)の三種類に分けられる。

1.　性状形容詞（Qualifying Adjective）
事物の性質、状態などを表すもので、形容詞の大部分がこの種類にはいる。
He is an *honest* man.（ 彼は正直者です ）
その他：a *gold* ring（ 金の指輪 ）, a *silver* spoon（ 銀のスプーン ）, an *up* train（ 上り列車 ）, the *golden* age（ 黄金時代 ）, an *English* teacher（ 英語の先生), *fallen* leaves（ 落葉 ）, a *Buddhist* temple（ 仏寺 ）, etc.

2.　数量形容詞（Quantitative Adjective）
数または量を表す形容詞である。
(1) many, few
数えられる名詞につけて用いる。
manyは「多くの、たくさんの」の意味を表す。few は「ほとんどない」と否定的な意味を、a few は「少数の」と肯定的な意味を表す。
There were *many* people at the party.
（ そのパーティーにはたくさんの人がいました ）

−61−

A few men came early. （ 早く来た人も多少いました ）

There are *few* mistakes in his composition.

（ 彼の作文には誤りがほとんどない ）

(2) much, little

数えられない名詞につけて用いる。

muchは量、程度を示し、「多くの、たくさんの」の意味を表す。

littleは「殆どない」と否定的な意味を、a litle は「少しの」
と肯定的な意味を表す。

She has *much* courage. （ 彼女には多くの勇気がある ）

She has *little* time for reading.

（ 彼女には読書の時間が殆どない ）

I had *a little* difficulty in finding her house.

（ 私は彼女の家を見つけるのに少し苦労しました ）

3. 代名形容詞 (Pronominal Adjective)

主として代名詞が形容詞として用いられる語である。

my book, *this* pen, *what* book, etc.

4. 数詞 (Numeral)

数詞には基数詞(Cardinal Numeral)、序数詞(Ordinal Numeral)
そして倍数詞 (Multiplicative Numeral) の３種類あり、形容詞と
して名詞を修飾する用法も、名詞として単独に用いる用法もある。

(1) 基数詞

事物の個数を示す数詞である。

(a)21から99までは10位の語と１位の語の間にハイフン(Hyphen)
を入れる。

twenty-one, sixty-three, etc.

(b)101 以上の数では最後の数詞の前に andを入れて読むのがふ
つうであるが、米語では andを略してもよい。

－62－

125=one hundred (and) twenty-five

(c) hundred, thousandは特定の数を表す場合、形容詞でも名詞でも-sをつけないが、million の場合、形容詞のときには-sはつけないが名詞の場合は-sをつける場合がある。

seven hundred, eight thousand, nine million(s),
three million students, etc.

ただし、hundred, thousand, millionが漠然と多数を表すときには hundreds of「何百もの」、thousands of「何千もの」、millions of 「何百万もの」のように-sがつくと必ずofが用いられる。

(2) 序数詞

「第一」、「第二」と順序を表す数詞である。形は first, secondそしてthirdを除いては、基数詞に-thをつけてつくる。

first (第一), tenth (第十), eightieth (第八十),
hundredth (第百), millionth (第百万), etc.

(3) 倍数詞

(a)「〜倍」を表すには、〜 times as … as を用いる。

She has five *times as* many books *as* I (have).
(彼女は私の5倍の本を持っている)

Her house is *twice as* large *as* yours.
(彼女の家は君の家の2倍の大きさです)

(b)名詞、形容詞として用いるもの。

single (一つ (の)), triple (3倍 (の)), etc.

§2. 用法

形容詞には限定用法 (Attributive Use)と叙述用法 (Predicative Use)の2つの用法がある。

-63-

1. 限定用法 (Attributive Use)
 (1) 直接に名詞を修飾し、通例その前におく。

This is an *interesting* magazine.

（ これはおもしろい雑誌です ）

She is a *great* lady. (彼女は偉い婦人です)

Any boy can do it. (どんな少年でもそれをなしうる)

 (2) 形容詞の後置

形容詞が他の修飾語句を伴って長い形容詞句になっているときには、修飾する形容詞を後に置く。

Mary is a woman *sweet, beautiful and home-loving.*

（ メアリーはやさしく、美しく、そして家庭を愛する婦人です ）

They are persons *famous of stage or screen.*

（ 彼らは舞台や映画で有名な人達です ）

2. 叙述用法 (Predicative Use)

形容詞が動詞の補語として用いられて、主語または目的語について叙述を行い、主格補語か目的格補語になる用法の形容詞である。

I am *glad* to meet you. (お会いできてうれしいです)

I made them *happy.* (私は彼らを幸福にした)

〈注意〉

ほとんどの形容詞は限定、叙述の両用法に用いられるが、形容詞によっては、いずれか一方だけにしか用いられないもの、両方に用いられるが、用法によって意味が異なるものがある。

限定用法のみに用いられるもの:

a *main* street (本通り), her *eldest* daughter (彼女の長女), the *very* man (まさにその人), one's *only* son (ひとり息子)

叙述用法のみに用いられるもの:

She is wide *awake.* (彼女はすっかり目がさめている)

Is her father *alive* or dead? (彼女の父は存命中ですか,

－64－

それともおなくなりになっていますか)

限定、叙述用法で意味が異なるもの:

It is *certain*. (それは確かだ)
a *certain* boy (ある少年)

She is *late*. (彼女は遅い)
the *late* Mr. Hemingway (故ヘミングウェイ氏)

He is *present*. (彼は出席している)
the *present* king (現在の国王)

練 習 問 題 11

1. 次の各文の ( ) の中から適切な語を選びなさい。
 (1) She has only (a few, a little) coins.
 (2) The party is crowded, but there are (a few, a little)
    seats left.
 (3) She has a (small, little, few) income.
 (4) Take care not to wake up the (asleep, sleep, sleeping)
    child.
 (5) She was(pleasant, pleased, pleasing) when she got a gift.
 (6) She was not (possible, capable, able) to stand up.
 (7) She had (many, much) patients to take care of.
 (8) I spent only (few, a few,) hours in Tokyo, because I had
    (little, a little) time for sightseeing.
2. 次の各文の誤りを訂正しなさい。
 (1) She has books ten times as much as I do.
 (2) Four hundreds girls took part in the contest.
 (3) The drunk driver was caught by the police at once.
 (4) Hundred of students gathered in the park.

－65－

(5) I want nice something to eat.

(6) I like a few sugar in my tea.

(7) I have to go to the dentist's every third days.

(8) Many a brave soldiers were killed.

3. 次の各文を英文に直しなさい。

(1) だれが窓をあけっぱなしにしておいたのですか。

(2) 私はとても疲れたのでそれ以上行けなかった。

(3) この雑誌は小型だからポケットにはいる。

(4) 英語の重要性は年々増加している。

(5) 私は彼女を知れば知るほどますます彼女が好きになった。

(6) 今朝の新聞には何も新しいことはのっていない。

(7) 彼らはかわいそうなその人を町から追い出した。

(8) 彼女がその仕事をやめたのは喜ばしい。

第 7 章　副詞 （Adverb）

　副詞は主として動詞、形容詞、または他の副詞を修飾する語であり、また語だけでなく句、節、文全体を修飾することもある。

§1.　種類

　副詞はその働きから主として単純副詞 (Simple Adverb)，文修飾副詞(Sentence Modifying Adverb)，疑問副詞(Interrogative Adverb)，関係副詞 (Relative Adverb)の4種類に分けられる。なお、この章では疑問副詞と関係副詞はあつかわないことにする。

　1.　単純副詞 (Simple Adverb)
　　単に語、句を修飾するもので副詞のほとんどがこれに属する。
　(1)　「時」を表す。
　　She came back just *then*.
　　（ 彼女はちょうどそのとき帰って来た ）
　　She *always* comes late. （　彼女はいつも遅れて来る ）
　(2)　「場所」を表す。
　　She lives *here* in Kagoshima. （ 彼女はここ鹿児島に住んでいる ）
　　He lives *there* some years. （　彼は何年かそこに住んでいる ）
　(3)　「頻度」を表す。
　　She *seldom* looks glad. （　彼女はうれしそうな顔をしていることはめったにない ）
　　I have *once* seen a panda.
　　（ 私は昔パンダを見たことがある ）

－67－

(4) 「程度」を表す。

This is a *very* interesting magazine.

（ これは非常におもしろい雑誌です ）

I know her *quite* well. （ 私は彼女をとてもよく知っている ）

(5) 「様態」を表す。

She speaks *kindly* to a person.

（ 彼女は人にやさしく話しかけます ）

We have gone *happily* together for two years.

（ 私たちは2年間楽しくつきあってきた ）

(6) 「順序」を表す。

Safety *first* （ 安全第一 ）

She arrived *last*. （ 彼女は最後についた ）

2.　文修飾副詞 (Sentence Modifying Adverb)

文全体を修飾する副詞である。

Certainly she is in the right. （ 確かに彼女は正しい ）

She *naturally* wanted to know the matter.

（ 彼女は当然のことながらそのことを知りたがった ）

Happily she did not die. （ 幸いにして彼女は死ななかった ）

Evidently he is disappointed at the talk.

（ 明らかに彼はその話を聞いて失望した ）

§2.　語形

1.　「形容詞＋-ly 」の形の副詞

widely, loudly, mainly, lately, etc.

〈注意〉

副詞を作るのに注意すべき点。

(1) -y で終わる語

-y →ily: easy →easily, busy →busily, etc.

ただし「母音字＋y 」はそのまま「ly」をつける。gray→grayly

(2) -leで終わる語

eを除いて yをつける: possible→possibly, gentle→gently

(3) -llで終わる語

yだけをつける: dull→dully, full →fully

(4) -ueで終わる語

eを除いてlyをつける: true→truly, due→duly

2.　　形容詞と同形の副詞

　She is a *hard* worker. ［ 形容詞 ］(彼女は勤勉です)
　She works *hard*. ［ 副詞 ］(彼女はせっせと働く)

　He is an *early* riser. ［ 形容詞 ］(彼は早起きです)
　He rises *early*. ［ 副詞 ］(彼は早く起きる)

　She is *ill* . ［ 形容詞 ］(彼女は病気です)
　Don't speak *ill* of her. ［ 副詞 ］(彼女のことを悪く言うな)

3. -ly　がつく形とつかない形で意味が全然違う副詞

　She *hardly* works. (彼女はほとんど働かない)
　She works *hard*. (彼女は一生懸命働く)

　She will arrive *shortly*. (彼女はやがて着くだろう)
　She ran *short*. (彼女は急に走った)

　She has come back *lately*. (彼女は最近帰ってきた)
　She came back *late*. (彼女は遅く帰ってきた)

〈注意〉

　語尾が -lyで終わる次のような語は副詞ではなく形容詞である。

costly, lonely, friendly, lovely, etc.

§3.　注意すべき副詞

1. very, much の用法
　　very は形容詞、副詞の原級、現在分詞の形容詞を修飾し、muchは動詞及び形容詞、副詞の比較級、過去分詞形の形容詞を修飾する。
　　It was *very* pleasant.（ それはとても楽しかった ）
　　This magazine is *very* interesting.
　　（ この雑誌はとてもおもしろい ）
　　She does not talk *much*.（ 彼女はあまり話さない ）
　　Are you feeling *much* better today?
　　（ 今日は気分がずっとよいですか ）
　　This magazine is *much* admired.
　　（ この雑誌は非常に賞賛されている　）
　〈注意〉
　　　形容詞、副詞の最上級には very も much も両方用いるが、veryはthe の後に、muchはthe の前に置かれる。
　　Mt. Everest is the *very* highest mountain in the world.
　　Mt. Everest is *much* the highest mountain in the world.
　また過去分詞でもdelighted, pleased, surprised, interested のような語は形容詞化して用いられるので very を用いる。
　　I was *very* pleased to hear good news.
　　（ 私はよい知らせを聞いてとても嬉しかった ）

2. ago, before, since の用法
　　ago は現在を基準にして「(今から)～前」の意で過去時制と共に用いる。beforeは過去のある時を規準にして「その時から～前」の意味で過去完了と共に用いる。since は「その時以来」の意味で、過去の動作の現在における結果の意味を含んで、現在完了形と共に

-70-

用いる。

It was a week *ago* that I saw him in Tokyo.

（私が東京で彼に会ったのは一週間前でした）

When I came back, I found that she had left a moment *before*.

（私が帰って来たとき、私は彼女がちょっと前に出かけたことを知りました）

I left her in Kyoto ten years *ago* and I have not seen her *since*.（私は10年前京都で彼女と別れ、それ以来彼女に会ったことはない）

3. hardly, scarcely, seldom, rarely の用法

　　hardly, scarcelyはどちらも「ほとんど～ない」の意味であり、seldom, rarelyは「めったに～しない」の意味で頻度が少ないことをいうのに用いる。

She was *hardly* able to rise to her feet.

（彼女は殆ど立ち上がることができなかった）

It is *rarely* that she drinks.

（彼女が酒を飲むことはめったにない）

4. already, yet, still　の用法

　　already は「もう、すでに」の意味で肯定文に用い、yet は「まだ」の意味で通常疑問文、否定文に用い、still は「ある時期までずっと」という継続の意味を含んで主として肯定文に用いる。

I have *already* finished my job.

（私はもう仕事を終えました）

She has *already* left.（彼女はもう出かけてしまった）

I have not finished my job *yet*.

（私はまだ仕事を終えていません）

Isn't she here *yet*?（彼女はまだここに来ていませんか）

She *still* wants to try to write in pen.

－71－

（ 彼女は依然としてペンで書こうと思っている ）

5. once, ever の用法
   (1)「かつて」の意味で once は肯定文に、 ever は主として疑問文に用いる。
   I *once* traveled in Kagoshima.
   （ 私はかつて鹿児島を旅したことがある ）
   Have you *ever* read this book?
   （ あなたはこの本を読んだことがありますか ）
   (2) once は「一度」の意味のときには主として文末におかれる。
   She told it to me *once*. （ 彼女はそれを一度だけ私に話した ）
   (3) ever は疑問文、条件文、否定文、比較構文などで強意的に用いられることがある。
   Nothing *ever* happens in this town.
   （ この町では何一つ起こらない ）
   If you *ever* come this way, don't fail to drop in on me.
   （ あなたがもしこちらの方にお出かけになることがありましたら、是非私を訪ねて来てください ）
   It is the most beautiful doll I have *ever* seen in my life.
   （ それはこれまでに見たうちで最も美しい人形です ）

練 習 問 題 12

1. 次の各文の （   ） の中から適切な1語を選びなさい。
   (1) She was (very, much) interested in English.
   (2) I studied (very, much) harder than her.
   (3) Some of the students have not (already, yet) arrived.
   (4) The wind was blowing (hard, hardly) last night.
   (5) The number of bicycles has increased (late, lately).
   (6) There (ever, once) lived a young king.

(7) She has (already, still) left the town.

(8) She has been happy ever (ago, since).

(9) She is (very, much) the best scholar in Kyoto.

(10) He seldom, if (never, ever), goes to church.

2. 次の各文の誤りを訂正しなさい。

(1) They shall discuss the matter latter. (shall:〜にさせる)

(2) The women were all pretty dressed.

(3) She is not well enough to go to school. She has not still got over her illness.

(4) She came to Kyoto ten years before.

(5) Is your mother very better today?

(6) She go never to school.

(7) I like this magazine than that one.

(8) If you speak too rapid, I will not understand what you are saying.

(9) Which do you like, this dog or that one?

(10) The bus has not arrived already.

3. 次の各文を英文に直しなさい。

(1) 私は数日前にその少女に会っていたから彼女を知っていた。

(2) 彼女は近頃ではほとんど何もしない。

(3) コンピューターはすでに広く工場や学校で使われている。

(4) 河口湖行きの列車に乗ったのが正午少し前だった。

(5) 私は翌朝目をさまして空がまだ晴れで、海がいっそう穏やかであるのを知った。

(6) 私は夕食代を払うのにちょうど足りるだけのお金しかない。

(7) 私は昨晩あまりよくは休めなかった。

(8) それは私が家に着く直前に起こった。

第8章 比較 (Comparison)

二つ以上のものの性質、数量、様態などを比べる言い方を比較 (Comparison) という。この比較には形容詞、副詞があり、原級 (Positive Degree)，比較級 (Comparative Degree)，最上級 (Superlative Degree) の三つの段階がある。

§1. 比較級、最上級の作り方

1. 規則変化

(1) 1音節語及び少数の2音節語には原級の語尾に-er, -est をつけて比較級、最上級を作る。

tall — taller — tallest,　young — younger — youngest
long — longer — longest,　rich — richer — richest

(2) 語尾が-eで終わる語には-r, -st だけをつける。

large — larger — largest,　free — freer — freest
true — truer — truest,　noble — nobler — noblest

(3) 「短母音＋子音字」で終わる語は、その子音字を重ねて-er, -est をつける。

big — bigger — biggest,　thin — thinner — thinnest
sad — sadder — saddest,　hot — hotter — hottest

(4) 「子音字＋y 」で終わる語は yを iに変えて-er, -estをつける。

easy — easier — easiest,　dry — drier — driest
merry — merrier — merriest,　early — earlier — earliest

(5) -ly, -er, -ile, -ful, -less, -able, -ous, -ive, -ingなどの語尾をもつ2音節および3音節以上の語は、more, mostをつけて比

-74-

較級、最上級を作る。

gently ― more gently ― most gently

proper ― more proper ― most proper

fertile ― more fertile ― most fertile

skilful ― more skilful ― most skilful

useless ― more useless ― most useless

affable ― more affable ― most affable

famous ― more famous ― most famous

active ― more active ― most active

cunning ― more cunning ― most cunning

〈注意〉

　　wicked, serene, pleasantなどの語は-er, -estとmore, most
の両方を用いて比較級、最上級を作ることができる。
とができる。

(6) **複合語の形をした形容詞の比較変化形式**

　(a) more, most をつけるもの:

　　near-sighted（近視の）― more near-sighted ― most near-
　　sighted,　out-of-fashion（流行おくれの）― more out-of-
　　fashion ― most out-of-fashion,　good-natured（人のよい）
　　― more good-natured ― most good-natured

　(b)はじめの語を変化させるもの:

　　kind-hearted（親切な）― kinder-hearted ― kindest-
　　hearted,　well-known（有名な）― better-known ― best-known

　(c)あとの語を変化させるもの:

　　bloodthirsty（残忍な）― bloodthirstier ― bloodthirstiest,
　　praiseworthy ― praiseworthier ― praiseworthiest

2.　**不規則変化**

　次にあげる形容詞、副詞は不規則な比較変化をする。

good, well	better	best
bad, ill	worse	worst
many, much	more	most
little	less [lesser]	least
old	older	oldest（年齢）
old	elder	eldest（長幼）
late	later	latest（時間）
late	latter	last（順序）
far	farther	farthest（距離）
far	further	furthest（程度）

〈注意〉

　lesserは限定用法のみに用いて、量が少ないのをいうのに用いるのではなく重要性の低いときに用いる。lesser nations（弱小国）

3.　注意すべき不規則変化語

(1) farther, further

　farther は空間の距離に用い、further は程度に用いるのが原則であるけれども、最近ではしばしば区別なく用いられる。

　She was so tired that she couldn't go any *farther*.

　（彼女は非常に疲れたのでそれ以上進むことはできなかった）

　I have nothing *further* to say on that.

　（私はあのことについてもうこれ以上言うことはない　）

(2) older, oldestとelder, eldest

　older, oldest は一般に年齢の多いのをいうのに用いる比較級、最上級であるが、elder, eldest は家族関係で「年上の」の意味を表して、限定用法のみに用いる。

　My *elder* brother is two years *older* than your *elder* brother.

　（私の兄は君の兄さんより二つ年上です）

　The *older* student is shorter than the younger student.

　（その年上の学生のほうが若いほうの学生より背が低い）

(3) later, latestとlatter, last

later, latest は「時」を示し、latter, lastは「順序」について示すのに用いる。

She arrived *later* than the others.

(彼女は他のものよりも遅れて着いた)

The *latter* explanation is better. (後の説明の方がよい)

4. ラテン比較級

ラテン語に由来する語で、比較級の意味を示す。

She is three years *senior* to me.

(彼女は私より3歳先輩です)

-orで終わるラテン比較級は than ではなくtoを用いる。

その他:

superior (優れた), inferior (劣った), major (大きい方の),

minor (小さい方の), prior (前の), posterior (後の) 等がある。

§2. 比較構文

比較を表す文には、原級、比較級、そして最上級を用いた三つの場合がある。

1. 原級構文

(1) 2つのものの程度、数量などが同等であることを示す。肯定文は as ～asで表され、否定文は not so ～ as, not as ～ as で表される。

He is *as* strong *as* a lion. (彼はライオンのように強い)

This box is not *as large as* that one.

(この箱はあの箱ほど大きくない)

Her mother is not *so* old *as* she looks.

(彼女の母は見かけほど年をとっていない)

(2) 原級比較は同一人、物についての異なった性質、程度を比較するのにも用いる。

She is *as* wise *as* she is beautiful.

（彼女は美しいのと同様に賢い）

You must read *as* carefully *as* your brother.

（あなたはお兄さんと同じくらい慎重に読まなければならない）

She walked *as* quickly *as* she could.

（彼女はできるだけ速く歩いた）

(3) asの省略

　　前後の文脈から判断のつくときは as 〜 as, so 〜 as のあとのas以下が省略されることがある。

She had eyes *as* black *as* yours, and hands almost *as* beautiful (as yours).

（彼女はあなたの目と同じくらい黒い目と（あなたの手と）ほとんど同じくらい美しい手をしていた）

She is a rapid reader, but I can read *as* rapidly (as she can read).

（彼女は本を読むのが速いが、私も同じくらい速く読める）

(4) 倍数を表す。

Yours is *twice as* large *as* mine.

（あなたのは私の2倍の大きさです）

Kyoto is *three times as* large *as* our town.

（京都はわが町の3倍も大きいです）

(5) 原級に関する注意すべきいいかた。

(a) as〜as any…

　　「どんな…にも劣らず〜」の意味である。

　　This doll is *as* pretty *as any* I have ever seen.

　　（この人形は私がこれまで見たどれにも劣らずかわいい）

(b) as〜as ever …

　　「今まで…した誰［どれ］にも劣らぬほど〜」の意味である。

　　His father is *as* great a scholar *as ever* lived.

（ 彼の父は古今まれな偉大な学者です ）

(c) as good as～

「～も同然」の意味である。

She is *as good as* dead. （ 彼女は死んだも同然だ ）

She *as good as* promised it to me.

（ 彼女はそれを私に約束したも同然である ）

(d) as many as～, as much as～

as many as ～は「数」に、as much asは「量」に用いて「～
も」の意味である。

She found *as many as* five mistakes.

（ 彼女は5つも間違いを見つけた ）

She spent *as much as* five pounds.

（ 彼女は5ポンドも使った ）

2. 比較級構文

(1) 二者について一方が他方より程度が大きいことを表すには「比較
級＋than」で表し、程度が小さいことを表すには「less＋原級＋
than」で表す。

The sun rises *earlier* in spring *than* in winter.

（ 太陽は冬より春の方が早くのぼる ）

She works *harder than* Tom. （ 彼女はトムよりもよく働く ）

This magazine is *less interesting than* that one.

（ この雑誌はあの雑誌ほどおもしろくない ）

(2) the ＋比較級＋of the two

比較されるものが二つに限定されている場合は、二つのうちの一
つということが theによって示される。意味は「二者のうちでより
～」である。

Tom is *the younger of the two.*

（ トムは二人のうちの若い方です ）

This magazine is *the more interesting of the two.*

（　この雑誌が2冊の中で、よりおもしろい　）

(3)　the＋比較級〜，the＋比較級…

「〜すればするほど、ますます…」の意味である。

The older she grew, *the poorer* her memory became.

（　年をとればとるほど彼女の記憶力はおとろえた　）

The higher a tree is, *the more* people like to climb it.

（　木が高ければ高いほど、人はその木に登りたいと思う　）

(4)　比較級＋and＋比較級

「ますます〜、だんだん〜」の意味である。

It is getting *colder and colder* day by day.

（　一日一日と寒くなってくる　）

There is *less and less* time for playing.

（　遊ぶ時間がますます少なくなってくる　）

(5)　the＋比較級＋理由を表す語句

「…なのでそれだけ〜」の意味である。the は forなどで示される理由をうけて「それだけ」という意味である。主に much, all が理由を強めるために前に置かれることがよくある。

I like her all *the better for* her faults.

（　彼女には欠点があるから、それだけよけいに好きだ　）

She is not *the richer for* her beauty.

（　彼女は美しいが、だからといってそれだけお金持ちだということではない　）

(6)　more, less に関する注意すべきいいかた

(a)no more than…

「わずか…」、「たった…」の意味である。

This fountain pen cost me *no more than* 500 yen.

（　この万年筆はたった500円でした　）

(b)no less than…

「…も」の意味である。

He has *no less than* ten children.

－80－

（ 彼は10人も子供がいる ）

(c)not more than

「多くとも…、せいぜい…」の意味である。

There were *not more than* ten passengers in it.

（ その中には乗客はせいぜい10人しかのっていなかった ）

(d)more or less

「多少」の意味である。

She was *more or less* drunk. （ 彼女は多少よっていました ）

(7)絶対比較級

比較の対照を明示しないで、ばくぜんと程度が高いほうを表す比較級を絶対比較級という。

The *better* stores are located on Downing Street.

（ 高級店がダウニング街にあります ）

その他:

the *greater* part （ 大部分 ）, the *upper* classes （ 上流階級 ）
the *lower* classes （ 下層階級 ）, *higher* education （ 高等教育 ）

3. 最上級構文

(1) 三者以上のうちで程度が最高であることを表して、形容詞の最上級に通例 theをつける。

February is *the shortest* month of the year.

（ 2月は1年のうちで最も短い月である ）

Who is *the tallest* in your family?

（ お宅ではだれが一番背が高いですか ）

(2) of を伴って「…のうちでいちばん」の意味を表す。

Of all these dogs this one runs *fastest*.

（ この犬全部のうちでこの犬がいちばん速く走る ）

She is one *of the most popular* singers in Japan.

（ 彼女は日本で最も人気のある歌手のひとりです ）

(3) most が「たいてい」の意味の場合は the はつかない。

Most of the boys think so.

（ その少年たちの大部分はそう考えている ）

Most girls have some dolls.

（ 女の子はたいてい人形を持っている ）

(4)　最上級に関する注意すべきいいかた

　(a) make the most of

　　　「最大の利益を生むように利用する」の意味である。

　　　She *makes the most of* her pretty eyes.

　　　（ 彼女はかわいい目を最大限に活用している ）

　(b) make the best of

　　　「せいぜい利用する」の意味である。

　　　She *made the best of* it.

　　　（ 彼女はそれをせいぜい利用した ）

　(c) not in the least

　　　「少しも…でない」の意味である。

　　　She is *not in the least* anxious about it.

　　　（ 彼女はそのことについて少しも不安に思っていない ）

　(d) at one's best

　　　「最もよい状態で」、「（ 花などが ）見頃で」の意味である。

　　　The cherry blossoms are *at their best*.

　　　（ 桜の花はまっ盛りである ）

　(e) the last …

　　　「もっとも…しそうにない」の意味である。

　　　He is *the last* man to tell a lie.

　　　（ 彼は決してうそをつくような人ではない ）

(5)　絶対最上級

　　　特定のものと比較するのではなく、程度が非常に高いことを示す
　　のに、最上級が「非常に」の意味に用いられることがある。これを
　　絶対最上級という。

These are *most interesting* magazines.

（ これらは非常におもしろい雑誌です ）

He was *a most brave* man. （ 彼は非常に勇敢な人であった ）

4. 比較に関する文の書き換え

　　最上級で表す内容が、原級や比較級を用いて表すことができる場合がある。

　Nothing is so *precious* as time. ［ 原級 ］
　（ 時間ほど貴重なものはない ）
　Time is *more precious* than anything else. ［ 比較級 ］
　（ 時間は他の何よりも貴重です ）
　Time is *the most precious* thing of all. ［ 最上級 ］
　（ 時間はすべてのもののうちで最も貴重です ）

　I have never seen such a *big* dog as this. ［ 原級 ］
　（ 私はこんなに大きい犬を見たことがない ）
　I have never seen a *bigger* dog than this. ［ 比較級 ］
　（ 私はこれより大きい犬を見たことがない ）
　This is *the biggest* dog I have ever seen. ［ 最上級 ］
　（ これはこれまで私が見た犬で一番大きい ）

練 習 問 題 13

1. 次の各文の （ 　 ） 内の語を適切な形に（正しい形に）直しなさい。

(1) This door is (wide) than that one.

(2) He can ski much (skilfully) than I.

(3) At what point is that lake (deep)?

(4) Lake Biwa is (large) than any other lake in Japan.

(5) She is much superior (than) me in learning.

(6) She acts (well) in comedies than in tragedies.

(7) The (long) I waited, the (impatient) I became.

(8) Which do you like (well), summer or fall?

(9) She is (old) of the three.

(10) The days grow (long) and the nights grow (short).

2. かっこ内の指示に従って次の文を書き直しなさい。

(1) He swims faster than Tom. (Tom を主語にして)

(2) Tom is taller than George. (原級を使って)

(3) That fountain pen is not so expensive as this. (比較級を使って)

(4) That is the longest river in Japan. (原級を使って)

(5) She arrived earliest of all the girls. (比較級を使って)

(6) I have never read a more interesting book than this. (最上級を使って)

(7) Mt. Everest is higher than any other mountain in the world. (原級を使って)

(8) She is greater than any other writer that has ever lived. (最上級を使って)

3. 次の各文を英文に直しなさい。

(1) 妹は今朝はいつもよりずっと早く起きました。

(2) 田沢湖と琵琶湖とではどちらが深いですか。田沢湖です。

(3) トムはクラスの他のどの生徒よりも勉強する。

(4) 彼女が彼を遠ざければ遠ざけるほど、彼は彼女を愛する。

(5) 彼女はまだ30代ですが、年よりもふけてみえます。

(6) 彼女には欠点があってもそれでもやはり私は彼女が好きです。

(7) これはこの国で2番目に長い川です。

(8) 始発電車に乗るためにできるだけ早く起きた方がよい。

第 9 章　動詞（Verb）

§1.　種類

　　動詞は動作または状態を述べる語で、完全自動詞（Complete Intransitive Verb），不完全自動詞（Incomplete Intransitive Verb），完全他動詞（Complete Transitive Verb），授与動詞（Dative Verb），不完全他動詞（Incomplete Transitive Verb）の五種類にふつう分類される。

1.　完全自動詞（Complete Intransitive Verb）
　　主語と動詞だけで意味が完成する動詞を完全自動詞という。
　　The birds *fly.* （ 鳥が飛ぶ ）
　　We *are* now in spring. （ 今は春です ）

2.　不完全自動詞（Incomplete Intransitive Verb）
　　補語を伴わなければ意味が完成しない動詞を不完全自動詞という。
　　The girl *is* diligent. （ その少女は勤勉である ）
　　The larks *are* high up in the sky.
　　（ ひばりは空高く舞い上がっている ）

3.　完全他動詞（Complete Transitive Verb）
　　目的語を必要とする動詞を完全他動詞という。
　　He *loves* children. （ 彼は子供を愛する ）
　　She *keeps* a cat. （ 彼女は猫を飼っている ）

-85-

4. 授与動詞（Dative Verb）

　他動詞の一種で、二重目的語を必要とする動詞を授与動詞という。

My mother *gave* me a book.（ 母は私に本をくれた ）

Tom always *brings* us something good.

（ トムはいつも私たちに何かよいものを持ってきます ）

5. 不完全他動詞（Incomplete Transitive Verb）

(1)　「～を…にする」の意味を表す動詞。

He *made* her his wife.（ 彼は彼女を妻にした ）

We *called* her Susie.（ 私たちは彼女をスージーと呼んだ ）

(2)　「～が…であると思う」などの意味を表す動詞。

I *think* her (to be) a charming girl.

（ 私は彼女を美しい少女だと思っている ）

We *think* Hemingway a great writer.

（ 我々はヘミングウェイを大作家と考えている ）

(3)　他動詞＋目的語＋to　不定詞で「～が…することを望む」などを
表す動詞。

I *want* you to be healthy.（ 私はあなたが健康であってほしい ）

I can't *allow* him to behave like that.

（ 私は彼にそんなふるまいをさせておくわけにはいかない ）

(4)　知覚動詞は「～が…するのを…する」などの意味を表す動詞で、
原形不定詞を置いたりする。

I *saw* her enter the room.（ 私は彼女が部屋に入るのを見た ）

I often *heard* him talk to himself.

（ 私は彼がひとりごとをいうのをしばしば聞いた ）

(5)　使役動詞は「～に…させる」などの意味を表す動詞で、知覚動詞
と同様に原形不定詞を置いたりする。

I will *have* them clean the room before your arrival.

（ 私はあなたの着く前に部屋を彼らに掃除してもらおう ）

Let us know when you arrive in Tokyo.

（ 東京に着いたら知らせてください ）

〈注意〉

多くの動詞が完全、不完全及び自他両用に用いられるが、その動詞の表す性格上いずれか一方に主として用いられる場合がある。

§2. 動詞の活用 （Conjugation）

動詞には原形 （Root）, 過去形 （Past）, 過去分詞形 （Past Participle） の３つの変化形がある。この語形の変化を動詞の活用 （Conjugation） という。

動詞の活用には規則的なものと不規則的なものとがあり、その活用によって規則動詞 （Regular Verb） と不規則動詞 （Irregular Verb） に分けられる。

1. 規則動詞 （Regular Verb）

原形の語尾に -ed を加えて、過去形、過去分詞形をつくる動詞を規則動詞という。

(1) 普通の場合。

原形の語尾にそのまま-ed をつけて過去形、過去分詞形をつくる。

laugh — laughed — laughed, look — looked — looked

(2) 原形の語尾に-ed のある動詞は-dのみを加える。

live — lived — lived, name — named — named

(3) 原形が「子音字＋y 」で終わるものは yを i に変えて-ed をつける。しかし「母音字＋y 」ならばそのまま-ed をつける。

study — studied — studied, pity — pitied — pitied

marry — married — married, stay — stayed — stayed

(4) 「１母音字＋１子音字」で終わる語は、その子音字を重ねてから-ed をつける。

beg — begged — begged, admit — admitted — admitted

(5) -cで終わる語は、-ked をつける。

-87-

traffic — trafficked — trafficked, mimic — mimicked — mimicked,

〈注意〉

-edの発音には次の3種がある。

(a) [t] を除く「無声音＋ed」のときは [t]

looked, pushed, stopped, kissed, hoped, etc.

(b) [d] を除く「有声音＋ed」のときは [d]

stayed, loved, planned, sowed, aimed, etc.

(c) [d], [t]の後では [id]

attended, admitted, visited, ended, etc.

2. 不規則動詞（Irregular Verb）

不規則動詞は上に述べた方法以外で過去形、過去分詞形を作るもの

をいう。

(1) AAA型（原形、過去形、過去分詞形が同形のもの）

cut — cut — cut, hit — hit — hit

set — set — set, shut — shut — shut

spread — spread — spread, rid — rid — rid

(2) ABA型（原形、過去分詞形が同じもの）

come — came — come, run — ran — run

become — became — become

overcome — overcame — overcome

(3) ABC型（全部が異なるもの）

begin — began — begun, sing — sang — sung

spring — sprang — sprung, swim — swam — swum

drink — drank — drunk, break — broke — broken

fly — flew — flown, ring — rang — rung

(4) ABB型（過去、過去分詞形が同じもの）

hear — heard — heard, sell — sold — sold

say — said — said, tell — told — told

```
have  — had  — had, make  — made — made
dwell — dwelt — dwelt, mean  — meant  — meant
```

3.　過去形、過去分詞形の両方とも二通りの形がある動詞

```
bless — blessed  — blessed, bless — blest  — blest
burn  — burned — burned, burn — burnt  — burnt
dream — dreamed  — dreamed, dream — dreamt — dreamt
knit  — knitted  — knitted, knit  — knit — knit
```

4.　一致（Concord）

　　動詞を主語の人称及び数に合った語形にすることを一致（Concord）という。

（1）動詞は主語の人称と数に一致する。

　　There *is* a magazine on the desk.（机の上に雑誌がある）

　　There *are* many pencils in the box.

　　（箱の中にたくさんの鉛筆がある）

　　This is a boy who *is* going to sing a song.

　　（この人が今度歌を歌う少年です）

〈注意〉

　　両者が1つのまとまったものをさす場合は単数の動詞をとる。

　　Slow and steady *wins* the race.（おそくとも着実なのが競争に勝つ）

（2）A as well as B（Bと同様にAも）、not only A but (also) B（AのみならずBも）のときには、動詞は前者ではAに、後者ではBに一致する。これを書き換えるとAとBが逆になる。

　　That man as well as you *is* ready.

　　（あなたと同様あの人も準備ができています）

　　Not only I but my husband *is* pleased with it.

　　（私ばかりか夫もそれが気に入っている）

（3）A or B, either A or B, neither A nor Bの場合は動詞はすべて

Bに一致する。

You or I *am* to blame. （ 君か私かどちらかが悪いんだ ）

Either my sister or I *am* in good spirits.

（ 姉も私も上機嫌だ ）

Neither you nor she *is* in the wrong.

（ あなたも彼女もまちがっていない ）

(4) 　集合名詞は単数扱いであるが、団体を構成する個々のものについて考える場合、つまり衆多名詞は複数に扱う。

Her family *is* a large one. （ 彼女の家族は大家族です ）

My family *are* all very well. （ 家族の者はみんなとても元気です ）

(5) 　part. half など＋of＋複数名詞は複数の動詞がくる。ただし1つのものについて二分の一、三分の一など1以下のことをいうときには動詞は単数である。

Part of the fields *are* covered with snow. （ 野原の一部は雪でおおわれている ）

Half of the apples *are* rotten.

（ そのリンゴの半数は腐っている ）

Half of the apple *is* rotten. （ そのリンゴは半分腐っている ）

5. 　群動詞 （Group Verb）

　動詞に他の語が結びついて、様々な意味を表すものを群動詞（Group Verb）という。

(1) 動詞＋副詞

　A fire *broke out*. （ 火事が起きた ）

　He often *sat up* late at night.

（ 彼はしばしば夜ふかしをすることがあった ）

　The rumor *turned out* to be true. （ そのうわさは本当だった ）

(2) 動詞＋副詞＋前置詞

　She ran fast to *catch up with* him.

（ 彼女は彼に追いつくために速く走った ）

It is difficult for us to *keep up with* the times.

(我々が時勢におくれないようにするのは難しい)

I am *looking forward to* seeing you.

(あなたにお会いするのを楽しみに待っています)

(3) 動詞＋名詞＋前置詞

You can *catch sight of* the airplane from there.

(あなたはそこから飛行機を見ることができます)

They *made fun of* the old man. (彼らは老人をからかった)

Take good *care of* yourself. (お身体を大切にしてください)

練 習 問 題 14

1. 次の文中の下線部の各動詞の種類を述べなさい。

(1) How did she become so rich?

(2) In spring brooks run merrily.

(3) She found it very interesting.

(4) She told them a strange story.

(5) They threw a stone at the cat.

(6) The sun is bright on everything.

(7) That man sends me a nice present on my birthday every year.

(8) He is asking Mother many questions about his uncle.

(9) She returned last night.

(10) You must keep it hot till I come back.

2. 次の各文の誤りを訂正しなさい。

(1) I couldn't help disappointing when she failed (in) it.

(2) I will make you to feel happy.

(3) We are looking forward to see you again.

(4) She is always finding fault me.

(5) I gradually became to enjoy my English lessons.

(6) No one equals to her in intelligence.

(7) We discussed on the matter for three hours.

(8) She would not obey to the teacher's orders.

(9) Use that cloth to cover over the desk.

(10) Will you take part the party?

3. 各文の下線部が文末に示したような意味を表すように、（　　）内に適する語を入れなさい。

(1) You had better take (　　) of the opportunity. (=utilize)

(2) The girl (　　) hold of the ladder, and began to climb. (=seized)

(3) The car (　　) up at the station entrance. (=stopped)

(4) She has quite (　　) from her husband's death. (=got over)

(5) She was (　　) up in a poor family. (=bred)

(6) How did it (　　) about? (=happen)

(7) I came (　　) her last night. (=met by chance)

(8) I cannot (　　) out what she is saying. (=understand)

(9) The doctor advised him to (　　) up smoking and drinking. (=abandon)

(10) She says she'll (　　) after my car. (=take care of)

(11) She promised to come but hasn't (　　) up yet. (=appeared)

(12) We wanted to (　　) away with this custom. (=abolish)

(13) I can't (　　) up with this stomachache any longer. (=bear)

(14) She (　　) after her father. (=resembles)

(15) You should not (　　) off till tomorrow what you can do today. (=postpone)

4. 次の各文を英文に直しなさい。

(1) 私は彼女が部屋をきれいにしていたのがわかった。

(2) 彼らの時間の大部分は名所見物に費やされる。

(3) 彼女は冬は食堂を暖かくしておいた。

(4) 先生同様に生徒たちをほめるべきです。

(5) 彼女は息子をすぐに入院させることを主張している。

第10章　時制（Tense）

　動詞の表す動作や状態の時間関係を示す動詞の形態を時制という。

§1.　種類

　　時制には現在時制（Present Tense），過去時制(Past Tense)，未来時制(Future Tense)，の3基本時制を中心に各々進行形（Progressive Form）と完了形（Perfect Form）があり、全部で12の時制がある。時制は動詞のとる形態であるので、現実の時間とは必ずしも一致しない。

　　現在時制（Present Tense）
　　過去時制（Past Tense）
　　未来時制（Future Tense）
　　現在完了時制（Present Perfect Tense）
　　過去完了時制（Past Perfect Tense）
　　未来完了時制（Future Perfect Tense）
　　現在進行形（Present Progressive Form）
　　過去進行形（Past Progressive Form）
　　未来進行形（Future Progressive Form）
　　現在完了進行形（Present Perfect Progressive Form）
　　過去完了進行形（Past Perfect Progressive Form）
　　未来完了進行形（Future Perfect Progressive Form）

§2.　用法

1.　現在時制（Present Tense）

　　現在時制の形態は動詞の原形と同じであるが、3人称単数形に限り、語尾に -s, -esを加える。しかし be 動詞と have 動詞とは人称と数によって原形が異なる。

（1）　現在の習慣的、反復的動作を表す。

　　I *get* up at seven every morning.（私は毎朝7時に起きます）

　　The train *leaves* every ten minutes.

　　　（電車は10分ごとに出ます）

（2）　現在の動作、状態を表す。

　　She *is* a good skier.（彼女はスキーがうまい）

　　She *is* sick in bed.（彼女は病気で寝ています）

（3）　不変の真理に用いる。

　　The earth *goes* round the sun.

　　　（地球は太陽のまわりをまわります）

　　Four plus five *equals* nine.（4たす5は9になる）

（4）　未来の時や条件を表す副詞節の中で、未来時制のかわりに用いる。

　　Stay here till she *comes* back.

　　　（彼女が帰るまでここにいなさい）

　　If it *rains* next Saturday, it will be put off.

　　　（次の土曜日が雨なら、それは延期になる）

〈注意〉

　　　名詞節の場合は、未来を表すには必ず未来時制を用いる。

　　I can't tell if it *will be* fine tomorrow.（明日天気がよいかどうかわからない）

（5）　歴史的現在

　　　過去の出来事を、聞いている人の目の前で起こっているかのように思わせる用法。

　　Hemingway *looks* up and *begins* to speak slowly. It was a habit with him.（ヘミングウェイは顔を上げ、ゆっくりと話し

はじめた。それは彼の癖になっていた ）

(6) hear, say, tell, write 等が現在完了と同等の意味を表す。

I *hear* that she will soon get out of the hospital.

（ 彼女がまもなく退院すると聞いています ）

I *read* in the newspaper that there was an earthquake last night. （ 昨夜地震があったと新聞で読みました ）

(7) 未来を表す。

go, come, start, leave, arriveなど往来発着の動詞の現在形は未来を表す。

She *starts* for England tomorrow morning.

（ 彼女は明日の朝英国に出発する ）

The train *arrives* in five minutes.

（ 電車は5分したら来ます ）

2. 過去時制 (Past Tense)

回想して物事を述べる形式であるから、過去の時を示す副詞（句）を伴うことがよくある。

(1) 過去の事実、習慣を表す。

I *received* his love letter yesterday.

（ 私は昨日彼の恋文を受け取った ）

She *went* to church every morning.

（ 彼女は毎朝教会に行った ）

I *studied* very hard when I *was* a girl.

（ 私は少女であったころは非常に熱心に勉強しました ）

(2) 過去完了と同等の意味を表す。

I *left* before she arrived. （ 私は彼女が着く前に出かけた ）

3. 未来時制 (Future Tense)

未来時制は「shall, will＋原形」の形で未来に生じる事がらを表すのに用いる。単純未来と意志未来の二つに分けて考えられている。

(1) 単純未来

　　人の意志によらず行われたり起こったりすることで、平叙文は
　「～であろう」の意味を表し、疑問文は「～するでしょうか」の
　意味を表す。

人称＼文	平　叙　文	疑　問　文
第一人称	I will (shall) ～ We will (shall) ～	Shall I～ ? Shall we ～ ?
第二人称	You will ～	Will (Shall)　you ～?
第三人称	He, (She) will ～ It, (They) will ～	Will he, (she) ～ ? Will it, (they) ～?

(2) 意志未来

　　だれかの意志によって行われることで、色々な意味を表す。

人称＼文	平　叙　文	疑　問　文
第一人称	I will　～ We will　～	Shall I～ ? Shall we ～ ?
第二人称	※ You will (shall) ～	Will you ～?
第三人称	※ He, (She) will (shall) ～ ※ It, (They) will (shall) ～	Shall he, (she) ～ ? Shall it, (they) ～ ?

※ (shall) は「主語に私が～させる」の意味となる。

これらの用法を以下に示して見ることにする。

I *will* take the 7 : 30 train.　［ 意志未来 ］

（ 私は７時半の電車に乗るつもりです ）

You *will* feel much better in a few days. ［ 単純未来 ］

（ あなたは２、３日するとずっとよくなるでしょう ）

Rain or shine, I *will* start for Tokyo tomorrow.

［ 意志未来 ］ （ 雨が降っても晴れても、明日私は東京に向け出発する ）

When you come back, *will* you please tell me about it?

［ 意志未来 ］ （ お帰りになったら、そのことについてお話しして下さいませんか ）

(3)　未来を表す他の表現

(a) be going to～

①　主語の意志、意図を表す。

I *am going to* climb that mountain next week.

（ 来週あの山に登るつもりです ）

What *are you going to* be when you grow up?

（ 大きくなったら何になるつもりですか ）

②　予想を表す。

Look at these black clouds. It's *going to* rain.

（ あの黒い雲を見てごらん。雨になりそうだ ）

I think I *am going to* be sick.

（ 気分が悪くなりそうだ ）

(b) be about to～

やや文語的な表現で、「まさに～しようとしている」の意味である。

She *was about to* start.

（ 彼女は今にも出発しようとしていた ）

The sun *is about to* rise. （ 太陽が出かかっている ）

(c) be on the point of ～

be going to ～, be about to ～と殆ど同じ意味である。

She *is on the point of* starting on a tour.

（ 彼女は旅行に出かけようとしている ）

(d) be to～

　「～することになっている」の意味で予定をあらわす。他に

　運命、義務、可能、意図も表す。

　She *is to go* in that ship.

　（ 彼女はあの船でいくことになっている ）

　We *are to* have an examination on Sunday.

　（ 私たちは日曜日に試験があるはずです ）

4.　現在完了時制 (Present Perfect Tense)

　過去に起こった動作、状態が、現在にもある程度つながりを持って

いることを示すもので、have [has]＋過去分詞の形で表される。そし

て明らかに定まった過去を示す語句と共に用いることは出来ない。

(1) 過去に起こった動作が現在において完了したことを表す。

　　I *have* just *finished* my homework.

　　（ 私は宿題を今終わったところです ）

　　I *have* just *returned* from Kagoshima.

　　（ 私はちょうど今鹿児島から帰って来たところです ）

(2) 過去に起こった事柄の結果が現在までおよんでいて、現在の状態に

　　重点をおく。

　　She *has lost* her white handbag.

　　（ 彼女は白いハンドバッグをなくしました ）

　　She *has gone* to America.

　　（ 彼女は米国に行ってしまっている ）

(3) 過去のあるときから現在までの間における経験を表す。

　　I *have* often *seen* such a lovely scene.

　　（ 私はそんな美しい景色をよく見ています ）

　　Have you ever *been* in Hawaii?

　　（ あなたはハワイにいったことがありますか ）

(4) 現在まで継続していることを表す。

　　Tom *has been* ill since then.

　　（ トムはその時からずっと病気です ）

－98－

I *have had* this camera since I was in high school.

（ 私はこのカメラを高校時代から持っている ）

〈注意〉

　　この**継続用法**には、be, live, have, remain のように**状態を表す動詞**が用いられる。なお動作の継続には have [has] been＋～ing という現在完了進行形を用いる。It *has been raining* since last night. （ 昨夜以来ずっと雨がふっています ）

(5)　 時や条件を表す副詞節中では、未来完了時制の代わりに現在完了時制を用いる。

It will have stopped raining by the time I *have finished* my homework. （ 私が宿題を終えるまでには雨は止んでいるでしょう ）

I will tell you if I *have finished* my homework.

（ 宿題を終えてしまったら教えます ）

5.　過去完了時制 (Past Perfect Tense)

　過去のあるときを基準にして、それまでの動作や状態の完了、継続、経験、結果などすべてその時より以前のことを表す。人称、数に関係なくすべて **had＋過去分詞**の形式である。

(1) 過去のある時までの完了を表す。

By that time I *had finished* my homework.

（ その時は私はもう宿題を終わっていた ）

She said that it *had* not *begun* yet.

（ それはまだ始まらないと彼女はいった ）

(2) 過去のあるときまでの経験を表す。

I remembered that I *had seen* her two years before.

（ 私は２年前に彼女に会ったことを思い出した ）

I knew her, for I *had met* her before. （ 私は彼女を知っていた、というのは以前会ったことがあったから）

(3) 過去のあるときまでの継続を表す。

How long *had* you *known* her?

－99－

（ いつから彼女を知っていたのか ）

He had been chairman of the committee for five years
before he went to America.
（ 彼はアメリカへ行く前5年間委員会の議長だった ）

(4) ある過去の行為が他の行為より前に行われたことを表す。

（大過去）She said she *had played* tennis that morning.
（ 彼女はその日の午前テニスをしたといった ）

I lost my glasses which I *had bought* the day before.
（ 私は前の日に買っためがねをなくした ）

6. 未来完了時制 (Future Pefect Tense)
未来の一定時までの動作の完了、経験、および状態の継続等を表す。
(1) 未来のあるときまでに完了しているであろうことを表す。

It *will have been completed* by the time you return.
（ お帰りになるまでには、それはできあがっておりましょう ）

I *will have written* this letter by the time you arrive.
（ 君が着くまでには、この手紙を書いてしまっているだろう ）

(2) 未来のあるときまでに経験しているであろうことを表す。

I *will have been* ill in bed for two years by the end of
this year. （ 私は今年の末までで2年間病気で寝ていることにな
ります ）

(4) will have +過去分詞で未来でなく推量を表す。これは現在完了
に現在の推量を表す will が加わったものである。

It is five o'clock. He *will have arrived* there.
（ 5時です。彼はそこに着いているだろう ）

7. 現在進行形 (Present Progressive Form)
現在行われている動作や、近い未来の意味を表す。
(1) 現在行われている動作を表す。

They *are playing* baseball. （ 彼らは野球をしています ）

He *is knocking* at the window. （ 彼は窓をたたいています ）

(2) 近い未来の意味を表す。

I *am going* to the movies tomorrow.

(私は明日映画に行きます)

I *am leaving* tomorrow morning. (私は明日の朝出発します)

(3) 進行形を作らない動詞。

継続的な状態を表したり、知覚を表したりするような動詞は進行形を作らない。

(a) 状態を表す動詞:

appear, consist, owe, sound, resemble, need, etc.

(b) 知覚動詞:

hear, see, feel, perceive, recognize, taste, smell, etc.

(c) その他の動詞:

think, imagine, suppose, forget, mind, etc.

8. 過去進行形 (Past Progressive Form)

(1) 過去における進行中の動作を表す。

It *was snowing* when I left home.

(私が家を出たとき雪がふっていた)

What *were* you *doing* in her room when she arrived?

(彼女が着いたとき君は彼女の部屋で何をしていましたか)

(2) ある期間にわたって行われる連続的動作を表す。

He *was bragging* all the time.

(彼はいつもほらばかり吹いていた)

Last Sunday, from two to three, I *was listening* to music on the radio. (先週の日曜日 2 時から 3 時まで私はラジオで音楽を聞いていました)

9. 未来進行形 (Future Progressive Form)

(1) 動作が未来のある時に行われていることを表す。

We *will be playing* baseball at two o'clock.

（我々は2時に野球をやっているでしょう）

When I get to Kagoshima, it *will* probably *be raining.*

（私が鹿児島へ着いたら、たぶん雨が降っているだろう ）

(2) 近い未来に行われることがらを表す。

Will you *be visiting* her tomorrow morning?

（あなたは明日の朝彼女を訪ねるのですか ）

10. 現在完了進行形（Present Perfect Progressive Form）

　　過去から現在に至るまで継続した動作を表す。これには状態を表す動詞は用いないで、動作を表す動詞を用いる。

　They *have been playing* baseball.

（彼らはずっと野球をし続けています ）

　I *have been studying* English these ten years.

（私はこの10年間英語を勉強しています ）

11. 過去完了進行形（Past Perfect Progressive Form）

　動作が過去のある時まで継続したことを表す。

　We *had been playing* baseball for three hours when our manager came.（監督がきたときは、我々はもう3時間も野球をし続けていました ）

　She was tired because she *had been studying* since morning.

　（彼女は朝から研究をしていたので疲れていた ）

12. 未来完了進行形（Future Perfect Progressive Form）

　未来のあるときまで動作が継続していることを表す。

　At the end of this month, we *will have been studying* English for six years.

　（今月の終わりで我々は英語を6年間勉強したことになる ）

　We *will have been playing* baseball for two hours when she comes here at 4:00.

（彼女が4時にここにくるときには我々は野球を2時間し続けていることになる）

練 習 問 題 15

1. 次の文の（　）内の正しい方を選びなさい。

(1) Please hand her the report when she (will come, comes. come) here.

(2) I will go out if it (will be, is, be) fine tomorrow.

(3) By next March he (will learn, has been learning, will have been learning) English for five years.

(4) Ten years (passed, has passed, have passed) since her death.

(5) She (has died, has been dead, died) for three years.

(6) When he arrived, the fire (already spread, has already spread, had already spread).

(7) The bus will not be able to move until the train (went, has gone, will have gone).

(8) They could not cross the river because the water (rose, had risen, has risen) during the night.

(9) If I read Hemingway once more, I (will read, read, will have read) it four times.

(10) When (did you see, have you seen, had you seen) her last?

2. 次の各文の誤りを訂正しなさい。

(1) I have gone to the station to see my uncle off.

(2) I will leave here as soon as the Easter vacation will begin.

(3) I have seen her last night.

(4) I have often visited that town when I was a child

(5) There have been two traffic accidents at that crossing yesterday.

(6) It is raining since last Sunday.

－103－

(7) I have been waiting for two hours when she came.

(8) She is ill for the past seven days.

(9) This camera is belonging to me now.

(10) I have written this book just now.

3. 次の各文を英文に直しなさい。

(1) 昨夜彼女に電話したら、彼女はもう寝てしまっていた。

(2) 彼女は来週までにはお金を全部使ってしまっているでしょう。

(3) 数年間英国で生活したことがあったので、真知子にとって英語はやさしかった。

(4) 父はいつもめがねをなくして、私に捜させるのです。

(5) 家に帰ると、妻が入口で私を待っているでしょう。

(6) 彼女が来週アメリカに出かけるというのは本当かね。

(7) 私は彼女に会ったことがあるかなあと思った。

(8) あなたは今まで何をしていましたか。

(9) 私はそのときはじめて道に迷ったことに気がついた。

(10) 昨夜から降り続いた雪は、今朝になってもやみそうになかった。

第11章　助動詞（Auxiliary Verb）

　動詞とともに用いられ色々な意味を添えたり、時制や態などを表したりする語を助動詞（Auxiliary Verb）という。助動詞には動詞としても用いられるものと、助動詞としてしか用いられないものがある。

§1.　種類

1.　動詞としても用いられる語
be, have, do, need, dare, etc.

2.　助動詞としてだけ用いられる語
will, shall, can, may, must, ought to, used to, etc.

§2.　特徴

動詞と比較した場合、助動詞は一般的にいって次のような特徴がある。
　① 　動詞の現在形は三人称・単数の形があるが、助動詞にはなく、三人称・単数でも -s がつかない。
　② 　否定文や疑問文を作るとき動詞は do を用いるが、助動詞は do を用いない。
　③ 　動詞の原形と結びついて用いられる。

§3.　用法

1. beの用法

－105－

(1) 「be＋現在分詞」で進行形をつくり、「～している」の意味となる。Tom *is* eating an apple. (トムはリンゴを食べている)

(2) 「be＋他動詞の過去分詞」で受動態を作り「～される」の意味となる。

She *is* loved by Tom. (彼女はトムから愛されている)

(3) 「be＋自動詞の過去分詞」で完了形を作る。

Spring *is* gone. (春は過ぎました)

(4) 「be＋to 不定詞」で予定、意図、義務、運命、可能を表す。

I *am* to meet her at three.

(私は３時に彼女と会うことになっている)

2. haveの用法

(1) 「have＋過去分詞」で完了形を作る。

She *has* just arrived. (彼女は着いたところです)

(2) have to 「～しなければならない」の意味となる。

I *have to* go now. (私はもう行かなければならない)

〈注意〉

この have to は must と同じ意味であるが、本動詞とみてもよい。また否定形 do not have to は「～する必要はない」の意味になる。You do not have to finish it. (あなたはそれを完成する必要はない)

3. doの用法

(1) 疑問文、否定文を作る。

Did you read this book? (この本を読みましたか)

She *did* not know it. (彼女はそれを知らなかった)

(2) 肯定文で強調するのに do を用いる。そして do [does, did] を強く発音する。

I *do* love her very much. (私は彼女が大好きです)

(3) 代動詞としての用法

同一の動詞を繰り返して用いる代わりに do［ does, did ］を用いる。

Did you see her?（ あなた彼女に会いましたか ）

Yes, I *did*［ =saw her ］.（ ええ、会いました ）

(4) 倒置文に用いる。

　　副詞、副詞句、否定の副詞などが文頭に出るときに強調のために語順が転倒して do［ does, did ］が用いられる。

Rarely *does* she write to me.

（ 彼女はめったに私に手紙をくれない ）

Well *do* I remember her.（ よく私は彼女を覚えています ）

4. need の用法

　　need は動詞としての用法が多く使用され、助動詞として用いるのは、主として否定文、疑問文の現在時制においてである。

Need you keep these books here?

（ あなたはこれらの本をここに置かなければなりませんか ）

You *need* not do so.（ あなたはそうする必要はありません ）

5. dare の用法

　　「あえて〜する」の意味で、助動詞として用いるのは主として否定文や疑問文においてである。

He *dared* not climb that tree.

（ 彼はあの木にのぼる勇気がなかった ）

Dare she do it?（ 彼女はそれをする勇気がありますか ）

6. will の用法

　　willは未来時制を表す助動詞としての用法のほかに次のような用法がある。

(1) will not「どうしても〜しようとしない」の意味を表す。

This window *will* not open.（ この窓はどうしても開かない ）

She *will* not consent.（ 彼女はどうしても承知しない ）

(2) 習慣を表す。

　　She *will* sit for hours without saying a word.

　　（ 彼女は一言もしゃべらずに何時間も座っていることがある ）

(3) 推量を表す。

　　You *will* have read that book.

　　（ あなたはあの本をお読みになったことでしょう ）

(4) 能力を表す。

　　　主として収容力などを表す。

　　This hall *will* hold 500 people.

　　（ このホールは500人を収容できる ）

7. would　の用法

　　would がwillの過去を表す用法、および条件文の帰結節においての
用法以外に、次のような用法がある。

(1) 過去の習慣を表す。

　　When we were in college, we *would* go there.

　　（ 大学生の頃は、私たちはよくそこへ出かけたものです ）

(2) ていねいな表現。

　　Would you show me the way to the post office?

　　（ 郵便局への道をお教え願えませんでしょうか ）

(3) 能力を表す。

　　　主として収容力などを表す。

　　The room *would* seat ten people.

　　（ その部屋には10人がすわれた ）

(4) 強い意志を表す。

　　She *would* not listen to my advice.

　　（ 彼女は私の忠告に耳を傾けようとしなかった ）

8. shallの用法

　　shallが未来時制に用いられるほか、次のような用法がある。

－108－

(1) 命令を表す。

You *shall* go with him. (彼と一緒に行きなさい)

(2) 予言を表す。

Ask, and it *shall* be given you.(求めよ、さらば与えられん)

(3) 規定を表す。

The association *shall* be called 'the English Speaking Society'.

(本会は 'the English Speaking Society' (英会話クラブ) と称するものとする)

9. should の用法

shouldが shallの過去を表す用法、および条件文の帰結節においての用法以外に次のような用法がある。

(1) 義務、当然を表す。

You *should* do it. (あなたはそれをすべきです)

We *should* follow her advice.

(私たちは彼女の忠告に従うべきです)

(2) 「should have ＋過去分詞」は過去において「～すべきであったのに (実際にはしなかった)」の意味を表す。

You *should* have seen it. (あなたはそれを見ておくべきだった)

You *should* have told me about it.

(あなたは私にそれについて言うべきであった)

(3) It～that…should…の形式で驚き、当然、必要などの感情などを表す。that 節の中で用いられる should は省略されることがある。

It is strange that she *should* do such things.

(彼女がそんなことをするとは不思議だ)

It is natural that she *should* get angry.

(彼女が立腹するのも当然だ)

(4) 命令、提案、要求などを表す。

The king commanded that the prisoners *should* be released.

(王は捕虜の釈放を命じた)

He insisted that she *should* be invited to the party.

－109－

（ 彼は彼女を宴会に招待すべきだと主張した ）

(5) lest～should…

「…しないように、…するといけないから」の意味を表す。

Be careful lest you *should* fail.

（ 失敗しないように注意しなさい ）

(6) 疑問詞と一緒に用いて、意外、驚きを表す。

Who *should* come but Mr. Suzuki?

　（ 誰がきたのかと思えば鈴木さんだった ）

How *should* you have come to know it?

（ あなたはどうしてそれがわかったのだ ）

10. can, could　の用法

(1) 能力を表す。

She *can* read this English book without a dictionary.

　（ 彼女は辞書なしでこの英語の本を読むことができる ）

〈注意〉

　未来時制や完了形には be able to を代用する。　She will *be able to* swim in a week.　（ 彼女は一週間で泳げるようになるだろう ）

(2) 可能性を表す。

Can it be true?　I can hardly believe it.

（ いったいそれは本当かしら。私にはほとんど信じられません ）

(3) 許可を表す。　（ =may ）

You *can* go to the concert if you want to.

（ あなたが音楽会に行きたければ行ってよい ）

〈注意〉

　can を許可の意味に用いるのは、口語体では mayよりも用途が広いが、許可を求める言い方としては、Can I ～ ?よりも過去の形の Could I ～? の方が丁寧な言い方である。

　Could I borrow your fountain pen?（ あなたの万年筆をお借りし

－110－

てもいいですか)

11. may, mightの用法
(1) 許可を表す。

　　　May I use your telephone? (電話を借りてよろしいですか)
　　許可を表す canと mayの違いは canの項で少しふれたが、打ち消し
　　の場合 may notは「不許可」を表し、must notは「禁止」を表す。
　　　May I come in? No, you *may not*. (入ってもいいですか。いい
　　　え、いけません)
　　　May I go? No, you *must not*.
　　　(行ってもいいですか。いいえ、いけません)
(2) 可能性を表す。
　　　It *may* be true. (それは本当かもしれない)
　　　She *may* be ill. (彼女は病気かもしれない)
(3) 「may have＋過去分詞」は過去のことについて現在、推量する場合
　　で「～したかもしれない」の意味を表す。
　　　She *may* have read this book.
　　　(彼女はこの本を読んだかもしれない)
(4) 祈願を表す。
　　　May you be happy! (ご多幸を祈ります)
(5) 目的を表す。
　　　that…may ～の形で目的を表す副詞節の中で用いられる。
　　　I stood up so that the old man *might* have the seat.
　　　(老人が席につけるように私は立ち上がった)
(6) 譲歩を表す。
　　　Whatever *may* happen, I will do it.
　　　(何が起ころうとも、私はそれをやります)

12. mustの用法
(1) 義務、必要を表して、「～しなければならない」の意味を表す。

－111－

口語では have toがよく使用される。

I *must* buy a new fountain pen.

(私は新しい万年筆を買わなければならない)

You *must* obey your teachers.

(あなたは教師の言うことを聞かなければならない)

(2) 推量を表して「〜に違いない」の意味を表す。

She *must* have done it. (彼女はそれをしたにちがいない)

It *must* have stopped snowing by now.

(もう雪は止んだに違いない)

(3) 禁止を表す。

must notは禁止を表して、「〜してはならない」を意味し、その反対は mayで「〜してよい」の意味である。

You *must* not read that magazine.

(あなたはあの雑誌を読んではいけない)

You *must* not go there.

(あなたはあそこへ行ってはいけない)

13. ought to の用法 (=should)

(1) 義務を表す。

You *ought to* read this book at once.

(あなたはすぐこの本を読むべきです)

Ought we *to* start at once?

(私たちはすぐ出発しなければならないのか)

(2) 当然を表す。

She *ought to* have gotten to the station by this time. She left home ten minutes ago.

(彼女は今頃は当然駅に着いているはずです。10分前に家を出たのですから)

(3) 見込みを表す。

She *ought to* win. (彼女が勝つに決まっている)

14. used to の用法

(1) 過去の習慣を表す。

I *used to* walk to my school, but now I take the train.

(私は前は歩いて通学していましたが、今は電車にしています)

We *used to* play baseball after school.

(私は放課後よく野球をしたものだ)

〈注意〉

この意味に使われる used toは wouldと同じような意味を表すが used to がかなり長い期間にわたって規則的な習慣を表すのに対して、would は oftenや sometimesなどをともなって不規則的な習慣を表す。

(2) 過去の状態を表す。

We are now better off than we *used to* be.

(今は昔より暮らしが楽です)

There *used to* be a bridge over there.

(むこうに昔橋がかかっていました)

練 習 問 題 16

1. 次の文の ( ) 内の正しい方を選びなさい。

(1) She has just gone out, so she (can't, mustn't) have gone so far.

(2) Must I go there? — No, you (need, must) not.

(3) (Must, May) you have a wonderful Christmas!

(4) It (would, can, must) have rained yesterday: the road is muddy.

(5) You (may, can, must) not be too careful in the choice of your friends.

(6) The building (would, used to) be the highest in the world.

-113-

(7) Why (need he to come, needs he come, need he come) tonight?

(8) You ought (to come, have come, to have come) last night.

(9) He (mustn't, couldn't, could) hardly see the road.

(10) He (need, might, dared) me to jump there.

2. 次の各文の誤りを訂正しなさい。

(1) It is natural that he hate her.

(2) He has ought to listen to you.

(3) Tom needs inform him of it.

(4) It is amazing that she might succeed.

(5) Bill raised his hand in order that the taxi will stop.

(6) Tom hurried to the station lest he would miss the train.

(7) He used often go fishing in the pond.

(8) Can Queen live long!

(9) You mustn't be seriously ill.

(10) I may hope you will get well soon.

3. 次の各文を英文に直しなさい。

(1) 駅へ行く道を私に教えて下さいませんか。

(2) トムが約束を忘れたとは変だ。

(3) 私は以前はバスで学校に行きましたが、今は歩いて行きます。

(4) わずかな人のために店をあけておくくらいなら、しめてしまう方がましだ。

(5) 彼女がこの絵を描いたはずがない。だれか他の人が描いたにちがいない。

(6) あなたは私たちと一緒に旅行すべきであった。

(7) そういう高価な家を買うからには、彼は金持ちにちがいない。

(8) 私は彼女にここにぜひ来いと言ったが、どうしても来なかった。

(9) 私は若いとき、鈴木君とよくテニスをしたものだ。

(10) あなたが昨日見た人は佐藤氏であったはずがない。

第12章　準動詞 （Verbal）

　動詞の性質をもっていると同時に名詞、形容詞、副詞などの働きをするもので、文のなかに用いられても主語の人称、数の区別によって変化することなく、常に同一の形で用いるものを準動詞（Verbal）という。この準動詞には不定詞（Infinitive）, 分詞（Participle）, 動名詞（Gerund）の三種類がある。

§1.　不定詞（Infinitive）

　動詞原形の前に to をつけて用いるのをふつうとするが、場合によってはこの to を省略することがある。to をつけて用いるものを to 不定詞（to-infinitive）といい、toをつけないで用いるものを原形不定詞（ Bare [Plain, Root] Infinitive)という。

　1.　用法
　(1) 名詞的用法
　　(a) 主語として。
　　　To tell a lie is wrong. （ うそをいうことは悪い ）
　　　To understand it is not very easy.
　　　（ それを理解することはあまりやさしくない ）
　　　It is difficult for me *to speak* English.
　　　（ 英語を話すことは私にとってむずかしい ）
　　(b) 補語として。
　　　My hobby is *to collect* stamps.
　　　（ 私の趣味は切手を集めることです ）

My intention is *to help* her.

（ 私の意図は彼女を助けることです ）

(c) 目的語として。

I don't want *to marry* that man.

（ 私はあの人とは結婚したくない ）

I found it easy *to perform* the task.

（ やってみたらその仕事を行うのは楽だった ）

(d) 疑問詞とともに用いて。

She knows how *to behave*.

（ どうふるまうべきか彼女は知っている ）

I discovered how *to solve* the problem.

（ 私はその問題のときかたを発見した ）

(2) 形容詞的用法

(a) 限定用法

①修飾される名詞、代名詞が不定詞の意味上の主語として。

Tom has no one *to advise* him.

（ トムには忠告してくれる人がいない ）

He wants somebody *to help* him.

（ 彼は援助してくれる人をほしがっている ）

②修飾される名詞、代名詞が不定詞の意味上の目的語として。

Give me something *to eat*. （ 何か食べるものをください ）

He has no house *to live* in.

（ 彼には住む家がない ）

③名詞、代名詞の内容を述べる同格関係として。

She had the kindness *to show* me the way to the station.

（ 彼女は親切にも駅へ行く道を私に教えてくれました ）

I did not know his intention *to buy* a new car.

（ 私は新しい車を買うという彼の意図を知らなかった ）

(b) 叙述用法

補語として。

-116-

It turned out *to be* true. （ それは本当だった ）

She seems *to have* been ill.

（ 彼女は病気であったように見える ）

(3) 副詞的用法

　(a) 目的を表す。

　　She opened her lips *to talk.*

　　（ 彼女は話すためにくちびるをあけた ）

　　Man eats *to live,* not live *to eat.*

　　（ 人間は生きるために食べるのであって、食べるために生きるの
　　　ではない ）

　(b) 原因を表す。

　　I'm happy *to see* you. （ お会いできて嬉しい ）

　(c) 理由を表す。

　　He must be crazy *to act* in that way.

　　（ あんな行動をとるとは、彼は頭がおかしいにちがいない ）

　(d) 結果を表す。

　　She grew up *to be* a pretty woman.

　　（ 彼女は成長してきれいな女になった ）

　(e) 条件を表す。

　　To hear her speak, you would take her for a clever girl.
　　（ 彼女がしゃべるのを聞けば、利口な少女だと思うだろう ）

　　You will be laughed at *to do* such a bad thing.
　　（ そんな悪いことをすれば人から笑われるだろう ）

　(f) easy, difficult, good, hard, dangerousなどの形容詞を修飾
　　する場合。

　　That river is dangerous *to swim* in.

　　（ あの川で泳ぐのは危険です ）

　　This English book is difficult *to understand.*

　　（ この英語の本は理解するのがむずかしい ）

(4) 独立不定詞

不定詞が文の他の部分から独立して用いられて、副詞句の働きをする場合がある。これを独立不定詞という。

To begin with, she has had no experience in teaching.

（ まず第一に、彼女には教育の経験がない ）

She is not pretty, *to be sure,* but she is intelligent.

（ 確かに、彼女は美人ではないが、頭がいい ）

その他：

strange to say（ 妙な話だが ），to tell the truth（ 正直に言うと ），not to mention 〜（ 〜は勿論 ），to be frank with you（ 率直にいうと ），so to speak（ いわば ），needless to say（ 言うまでもなく ），to make matters worse（ さらに悪いことには ），to return to the subject（ 本題にもどるとして ），etc.

(5) 代不定詞

toだけを残し、前に述べた動詞を再び繰り返さずに省略するものを代不定詞という。

You may go, if you want *to.*

（ あなたが行きたいなら、行ってもよい ）

Will you help me with my job? — I'll be glad *to.*

（ 私の仕事を手伝ってくれませんか。 — 喜んでしましょう ）

(6) 原形不定詞

(a) 知覚動詞の後。

see, hear, feel, watch などの目的補語となる不定詞には to がつかない。

I saw her *come.*（ 私は彼女が来るのを見た ）

I felt it *grow* cold.（ 私はそれが冷たくなるのを感じた ）

(b) 使役動詞の後。

make, have, letなどの目的補語となる不定詞には to がつかない。

She made me *tell* the truth.

（ 彼女は私に真実を言わせた ）

-118-

I'll let you *know* the matter.

（あなたにそのことを知らせてあげよう）

〈注意〉

知覚動詞と使役動詞は受け身形では to を省略しない。 He is seen *to run*. （彼が走るのが見える） They were made *to work* all day. （彼らは終日働かされた）

(c) 慣用句の後。

You had better not *go* to the seaside.

（あなたは海岸へ行かないほうがよい）

I would rather *die* than steal.

（私は盗みをするくらいなら死んだほうがましだ）

The baby did nothing but *cry*.

（その赤ん坊はただ泣くばかりであった）

練 習 問 題 17

1. 次の各文の不定詞の用法を述べなさい。

(1) He has no relatives to depend upon.

(2) Please give me something cold to drink.

(3) She is easy to please.

(4) It is good for (the) health to keep early hours.

(5) Bill was not a man to break his promise.

(6) Tom was the first man to come and the last man to leave the office.

(7) My grandmother lived to be eighty.

(8) I want to play the piano.

(9) Tom left his native town never to return.

(10) I came to see you myself.

2. 次の各文を不定詞を用いて書き換えなさい。

(1) It seems that she was not there yesterday.

(2) It seemed that she had not seen the sight.

(3) I opened the window so that the bird might go out.

(4) I think that he is an honest man.

(5) Tom had no friends with whom he could talk about the matter.

(6) The cap was so small that he could not put it on.

(7) This is a problem he should solve.

(8) This book is so easy that even a small boy can read it.

3. 次の各文を英文に直しなさい。

(1) このラジオはひどくこわれているので、修理ができません。

(2) 彼女は親切にも私たちを空港に見送りに来てくれました。

(3) 正直にいうと、昨夜の野球の試合はよくなかった。

(4) あんなやつが成功するのは不可能なことだ。

(5) さらに悪いことには雨が降り始めた。

(6) 彼は英語さえ知らない、ましてフランス語は言うまでもない。

(7) その少年は成長して立派な若者となった。

(8) 私は一番電車に間に合うように早く起きた。

(9) 彼は彼女にカメラを買ってやると約束した。

(10)言うことと実行することは別である。

§2. 分詞 (Participle)

分詞は動詞の性質のほかに形容詞の性質をも兼ね備えており、現在分詞 (Present Participle) と過去分詞 (Past Participle)とがある。現在分詞は「原形＋～ing 」の形で表し、過去分詞は規則動詞では -edの語尾を持つが、不規則動詞では語尾が一様ではない。

1. 用法

分詞は名詞を修飾する限定用法と、補語になる叙述用法があり、さらに分詞構文として副詞的にも使用される。

(1) 分詞の限定的用法

　(a) 名詞の後に置かれる場合。

　　The woman *speaking* to her is my aunt.

　　　（ 彼女に話しかけている婦人は私のおばです ）

　　Tom returned home with the magazine *belonging* to me.

　　　（ トムは私のものである雑誌を持って家へ帰った ）

　　They are great scholars well *known* in English literature.

　　　（ 彼らは英文学上よく知られている偉大な学者です ）

　　I received a letter *written* in English yesterday.

　　　（ 私は昨日英語で書かれた手紙を受け取った ）

　(b) 名詞の前に置かれる場合。

　　She is a *walking* dictionary. 　（ 彼女は生き字引です ）

　　She drew near a *sleeping* dog.

　　　（ 彼女は眠っている犬に近づいた ）

　　There were a lot of *wounded* students near the airport.

　　　（ 空港の近くに負傷した学生がたくさんいた ）

　　The *bent* light breaks into seven colors.

　　　（ 屈折した光は分散して7色になる ）

(2) 分詞の叙述的用法

　　不完全自動詞あるいは不完全他動詞の後において、補語として用いられる。

　(a) 不完全自動詞の後。

　　She stood there *looking* out of the door.

　　　（ 彼女はドアから外をみながらそこに立っていた ）

　　It kept *burning* all night. 　（ それは夜通し燃え続けた ）

　　He lay there *exhausted*. （ 彼は疲れ切ってそこに寝ていた ）

　　They got *caught* in a rain last night.

　　　（ 彼らは昨夜雨にふられた ）

　(b) 不完全他動詞の後。

　　I saw a dog *running*. （ 私は犬が走っているのを見た ）

I cannot have you *drinking* at your age.

（ 私はお前ぐらいの年でお前が酒を飲んでいるのをそのままに
しておけない ）

She left her work half *finished.*

（ 彼女は仕事を半分やりかけたままにしておいた ）

I must have my shoes *mended.*

（ 私は靴を修繕してもらわねばならない ）

(3) 分詞構文

接続詞と動詞の働きを兼ね、副詞句を作る分詞を特に分詞構文と
いう。

(a) 分詞構文の意味。

①時を表す。

Walking along the street, I saw her.

（ 通りを歩いているときに、私は彼女に会った ）

Leaving home at ten, she arrived there at night.

（ 彼女は10時に家を出て、夜にそこに着いた ）

②理由を表す。

Being tired with her long walk, she took a nap.

（ 長く歩いて疲れたので、彼女はひと眠りした ）

Worn out with the labor, he soon fell asleep.

（ 仕事でくたくたに疲れたので、彼はすぐ寝入った ）

③条件を表す。

Turning to the right, you will find the shop you are
looking for. （ 右に曲がれば、あなたの探している店が見つか
るでしょう ）

Used economically, this battery will last a year.

（ 節約して使えば、この電池は1年はもちます ）

④付帯状況を表す。

Tom sat reading a book, *his sister sewing by him.*

（ トムはすわって本を読み、妹はそばでぬいものをしていた ）

－122－

Saying so, she went out of this house.

（そういいながら、彼女はこの家から出ていった ）

⑤譲歩を表す。

Admitting what you say, I cannot believe it yet.

（ あなたの言い分を認めるとしても、私はまだそれを信じる事
ができない ）

(4) 独立分詞構文

分詞構文の意味上の主語が、主文のそれと異なるときは、意味上
の主語を分詞に添えるものを独立分詞構文という。独立分詞構文も
時、理由、附帯状況などを表す。

Weather permitting, I will leave next Sunday.

（ 天気がよければ、私は今度の日曜日に出発しよう ）

Homework finished, I took a rest.

（ 宿題が終わって、私は一休みした ）

There being no bus services, I had to walk home.

（ バスがないので、私は家まで歩かねばならなかった ）

The lesson ended, Bill went out of the room.

（ 授業が終わったので、ビルはその部屋から出ていった ）

(5) 完了形の分詞構文

完了形の分詞構文は主文の表す時より前の時を表す。つまり主文
の動詞が過去形の場合は、完了分詞構文を副詞節に書き換えたとき
は動詞は過去完了形になる。また主文の動詞が現在形の場合は、副
詞節のなかの動詞は過去形か現在完了形になる。

Having finished it, she went for a drive.

= After she had finished it, she went for a drive.

（ それを終えたあと、彼女はドライブにでかけた ）

Having lived abroad, she is proficient in English.

= As she (has) lived abroad, she is proficient in English.

（ 彼女は洋行していたから、英語が達者だ ）

Never having seen her before, I didn't know who she was.

= As I had never seen her before, I didn't know who she was.

（ 前に一度も彼女に会ったことがなかったので、私は彼女がだれか
わからなかった ）

(6) 慣用的な分詞構文

Generally speaking , women are better linguists than men.

（ 一般的に言って、女性の方が語学が上手だ ）

Talking of Bill, have you seen him lately?

（ ビルと言えば、最近彼に会いましたか ）

その他：

strictly speaking（ 厳密に言うと ）, judging from ～（ ～から判断
すれば ）, granted [granting] that ～（ 仮に～だとしても ）, etc.

練 習 問 題 18

1. 次の文の誤りを訂正しなさい。

   (1) What is the language speaking in Spain?

   (2) Do you know the gentleman speak to her?

   (3) Bill sat watching by a lot of girls.

   (4) Somehow she could make herself understand by gestures.

   (5) We had our picture takes in front of the wall.

   (6) I am sorry I have kept you wait so long.

   (7) A roll stone gathers no moss.

   (8) Bill wants to have the wall paint yellow.

   (9) A boy calls George lived there.

   (10) Where did you get your hair cuts?

2. 次の各文の下線部を接続詞を用いて、全文書き換えなさい。

   (1) The bus leaves at five, <u>arriving there at six</u>.

   (2) <u>Seen from above</u>, our house looked like a matchbox.

   (3) <u>Judging from his accent</u>, he must be German.

   (4) <u>The door being open</u>, I walked in.

(5) Eating breakfast, Bill read the newspaper.

(6) Admitting that he is a great scholar, he can't be called a good man.

(7) Generally speaking, women are more talkative than men.

(8) Having prepared my lessons, I went to bed.

3. 次の各文を英文に直しなさい。

(1) あそこで本を読んでいる人は彼女の先生です。

(2) ビルはたき火のそばにすわっている婦人に話しかけた。

(3) トムはパイプをくわえたまま入ってきた。

(4) 机に向かって勉強している間に彼女は眠り込んだ。

(5) 私の田舎は山に近く、夏は天気がよく変わる。

(6) 泉から噴き出す水しぶきの中に虹をみた。

(7) 彼女は一日中ガス・ストーブをたき続けた。

(8) 彼はどんなことにも興奮しない。

§3. 動名詞 (Gerund)

　　動名詞は名詞と動詞の両機能を兼ね備え、動詞の原形に〜ing をつけた形である。この形は現在分詞と同じであるが、現在分詞が形容詞と動詞のような働きを持っているのに対して、動名詞は名詞と動詞の性質を兼ね備えている。

1.　用法

(1) 主語として。

Walking is good for (the) health. （ 歩くことは健康によい ）

Reading books is a good pastime. （ 読書はよい娯楽である ）

I am looking forward to *seeing* you soon.

　（ すぐにお目にかかれるのを楽しみにしています ）

(2) 補語として。

Her object is *teaching* them English.

－125－

（彼女の目的は彼らに英語を教えることです）

Seeing is *believing*. （見ることは信じることである ―― 百聞は一見にしかず）

(3) 目的語として。

I enjoy *reading* poems when I am free.

（私は暇なときは詩を読んで楽しみます）

Mary is fond of *reciting* this English poem.

（メアリーはこの英語の詩を朗読するのが好きです）

2.　完了形の動名詞

文の述語動詞よりも前の時を表す。

She regrets *having* said so.

= She regrets that she (has) said so.

（彼女はそういったことを後悔している）

I regret not *having worked* harder at school.

= I regret that I did not work harder at school.

（私は学校でもっと一生懸命に勉強しなかったことを後悔している）

She was proud of *having been educated* in the United States of America.

= She was proud that she had been educated in the United States of America.

（彼女は米国で教育を受けたことを誇りにしていました）

〈注意〉

「時」の前後関係が明瞭な場合は特に完了形を用いる必要はない。

I remember *meeting* your father about ten days ago. （私は10日ほど前にあなたのお父さんに会ったのを覚えています）

3.　動名詞の意味上の主語

(1) 意味上の主語が文の主語と異なる場合は、動名詞の前に所有格の語を置く。

I am not ashamed of *my brother's being* poor.

-126-

（ 私は兄が貧乏なことを恥ずかしいと思いません ）

I was not aware of *her being* idle.

（ 私は彼女が怠惰であることを知らなかった ）

〈注意〉

　　形式ばった文語では今でも所有格を用いるが、会話や口語体の英語では所有格と目的格の両方が用いられる。

　Mr. Suzuki didn't mind my [me] *smoking.*

　（ 鈴木さんは私が喫煙しても気にしなかった ）

(2) 意味上の主語が文の主語と同一の場合は、動名詞の前に所有格の語を置かない。

　Would you mind *opening* the window?　　mind : 気にする

　（ どうか窓を開けて下さいませんか ）

　I am sure of *succeeding.* （ 私は成功することを確信している ）

(3) 意味上の人が一般の人を表す場合、動名詞の前に所有格の語を置かない。

　I object to *smoking* too much.

　（ 私は煙草を吸いすぎることには反対です ）

　It is pleasant *being* awakened by the singing of birds.

　（ 鳥の歌う声で目をさまされる ［ 目をさます ］ のは気持ちがよい ）

4.　動名詞を含む慣用表現

(1) There is no 〜 ing 「〜することは不可能です」

　There is no telling what may happen in five years.

　= It is impossible to tell what may happen in five years.

　（ ５年後にどんなことが起こるかわかりません ）

(2) It is no use ［ good ］〜ing 「〜してもむだです」

　It is no use crying over spilt milk.

　= It is useless to cry over spilt milk.

　（ こぼれたミルクを嘆いてもむだです ― 覆水盆に返らず ）

(3) cannot help 〜 ing 「〜せざるをえません」

　I *cannot help thinking* that she is still alive.

= I cannot but think that she is still alive.

（ 私は彼女がまだ生きていると思わざるをえません ）

(4) make a point of ～ ing 「必ず～するように心がけている」

I *make a point of* never *being* late.

= I make it a rule never to be late.

（ 私は決して遅れないように心がけている ）

(5) feel like ～ ing 「～したい気がする」

I *feel like playing* baseball on such a lovely day.

= I feel inclined to play baseball on such a lovely day.

（ こんなよい天気には野球でもやってみたい気がします ）

(6) prevent …from ～ing 「…が～するのを妨げる」

The noise *prevented* us *from going* to sleep.

= Because of the noise, we could not go to sleep.

（ 騒音のため眠れなかった ）

(7) of one's own ～ing 「自分で～した」

Teaching was a profession *of his own choosing*.

= Teaching was a profession which he had chosen himself.

（ 教職は彼自身が選んだ職業であった ）

(8) worth ～ ing 「～する価値がある」

This picture is *worth hanging*.

= It is worth while hanging [to hang] this picture.

（ この絵はかけておく価値がある ）

(9) on ～ing 「～するとすぐ」

On arriving in Tokyo, I sent her a telegram.

= As soon as I arrived in Tokyo, I sent her a telegram.

（ 東京に着くとすぐ、私は彼女に電報をうった ）

(10) besides ～ing 「～するばかりでなく」

Besides being clever, she is diligent.

= In addition to being clever, she is diligent. / She is not only clever but also diligent.

（ 彼女は頭がいいだけでなく勤勉だ ）

(11) never [not] … without 〜 ing 「…すれば必ず〜する」

I *never* visited her *without finding* her at work.

= Whenever I visited her, I found her at work.

（ 彼女を訪問するといつも仕事中であった ）

5. 動名詞と不定詞

動詞には動名詞を伴うもの、不定詞を伴うもの、動名詞と不定詞の
両方を伴って同じ意味を表すものや、異なった意味を表すものがある。

(1) 動名詞を伴う動詞。

I *missed* seeing her by a minute.

（ 私はちょっとの違いで彼女にあいそこなった ）

Did you *finish* reading this book yesterday?

（ あなたは昨日この本を読みおえましたか ）

Practice playing the violin regularly.

（ 規則正しくバイオリンをひくようにけいこをしなさい ）

その他:

enjoy, mind, admit, avoid, consider, escape, postpone

fancy, imagine, advise, recollect, forgive, give up, go on

put off, object to, burst out, etc.

(2) 不定詞を伴う動詞。

She *promised* to pay it. （ 彼女はそれを払うと約束した ）

She *managed* to be in time. （ 彼女はなんとか間に合った ）

その他:

consent, determine, want, hope, refuse, decide, etc.

(3) 動名詞、不定詞いずれも伴う動詞。

(a)同じ意味を表す場合。

That girl *began* crying [to cry]. （ あの少女は泣きだした ）

They *ceased* chattering [to chatter].

－129－

（　彼らはおしゃべりをやめた　）

その他:

　neglect, hate, like, prefer, start, etc.

(b)異なる意味を表す場合。

　① stop ～ ingは「～するのをやめる」、stop to ～は「～する
ために立ち止まる」の意味を表す。

　　Bill *stopped talking* to her.
　　（　ビルは彼女と話すのを止めた　）
　　Bill *stopped to talk* to her.
　　（　ビルは彼女と話をするために立ち止まった　）

　② remember, forget は動名詞を用いると述語動詞の表す時より
も前時を、不定詞を用いると述語動詞の表す時からみた未来を表
す。

　　I *remember seeing* her somewhere.
　　（　私はどこかで彼女に会ったのを覚えています　）
　　Please *remember to post* the letter.
　　（　忘れずにその手紙をポストに入れてください　）

　　I will never forget seeing her.
　　（　私は彼女に会ったことを決して忘れないだろう　）
　　Don't *forget to* sign your name.
　　（　忘れずに署名してください　）

　③ regret～ingは「～したことを後悔する」、regret to 不定詞は
「残念ながら～しなければならない」の意味を表す。

　　I *regret telling* him the truth.
　　（　私は彼に本当のことを言ったのを後悔しています　）
　　I *regret to say* she was dishonest.
　　（　残念ながら彼女は不正直でした　）

　④ try～ing は「（ためしに）～してみる」、try to～は「～し
ようと努める」の意味を表す。

－130－

I *tried persuading* her and succeeded.
（ 彼女を説得してみたところうまくいった ）
I *tried to persuade* her but in vain.
（ 彼女を説得してみようと努力したがだめだった ）

練 習 問 題 19

1.　次の各文の（　　）内で、正しいものを選びなさい。

(1) They went on (to work, working) for two hours.

(2) In spite of the sun (to shine, shining) , it is cold.

(3) Remember (to post, posting) this letter tomorrow.

(4) I will never forget (to visit, visiting) the museum last year.

(5) She is busy (to do, doing) her homework.

(6) She objected (to being, to be) treated like this.

(7) I'm looking forward (to see, to seeing) you again.

(8) Do you mind (to close, closing) the door?

(9) How can we avoid (to make, making) such mistakes?

(10) I've just finished (to clean, cleaning) the room.

2.　次の各文を動名詞を用いて書き換えなさい。

(1) He insisted that she should have another cup of coffee.

(2) As soon as she received a telegram, she started for home.

(3) This is a picture that she painted herself.

(4) She is ashamed that her son did such a thing.

(5) I remember that I once saw the film.

(6) I could not but laugh at her.

(7) She complained that the room was too hot.

(8) Richard was surprised that his son should visit such a place.

(9) I didn't much wonder that she had gone away.

(10) I am convinced that she will visit us again.

3. 次の各文を動名詞を用いて英文に直しなさい。

(1) 彼女は大雨にもかかわらず出発すると言いました。

(2) 彼は若いころ怠けたことを後悔した。

(3) 彼は父親が金持ちであることを自慢しています。

(4) あなたのチームがその試合に勝つことを確信しています。

(5) 彼女は私がバイクに乗るのを習うという考えが気にいらない。

(6) 彼が何をするかわからない。

(7) 私は子供のときパリに連れて行ってもらったのを覚えている。

(8) 彼女は自分で育てたイチゴをごちそうしてくれた。

第13章 仮定法 (Subjunctive Mood)

§1. 用法

仮定法には仮定法現在(Subjunctive Present), 仮定法過去 (Subjunctive Past) , 仮定法過去完了 (Subjunctive Past Perfect) がある。

1. **仮定法現在** (Subjunctive Present)

動詞の原形を用いて、現在または未来の不確実な事がらを、条件として言うものであって、「もし～ならば、…だろう」の意味を表す。

$$\text{If～動詞の原形…, ～} \begin{Bmatrix} \text{will} \\ \text{shall} \end{Bmatrix} \text{…の形である。}$$

If it *be* fine tomorrow, the game will not be put off.
(もし明日晴天ならば、その試合は延期されないだろう)

I propose that the party *be* postponed.
(私はパーティーを延期することを提案します)

If that *be* so, we will be in trouble.
(もしそうならば、私たちは困ったことになるだろう)

2. **仮定法過去** (Subjunctive Past)

現在の事実に反対の仮定を表し、「もし～ならば、…なのだが」の意味を表す。

$$\text{If～過去形…、～} \begin{Bmatrix} \text{would, should} \\ \text{could, might} \end{Bmatrix} + \text{…の形である。}$$

-133-

If it *were* not snowing, she would be able to walk home.

（ もし雪が降っていなければ、彼女は歩いて家へ帰れるだろうに ）

※口語では were の代わりに was を使うことがある。

If I *had* money, I would buy that painting.

（ お金があれば、あの絵を買うんだが ）

〈注意〉

現在の事実に反対の願望を表すには ～ +wish ［If only～］ +仮定法の形を使う。I wish she *were* here. = I am sorry she is not here.

（ 彼女がここにいればいいのだが ）

3. 仮定法過去完了（Subjunctive Past Perfect）

過去の事実に反対の仮定を表し、「もし～であったら、…したのだが」の意味を表す。

$$\text{If} \sim \text{had} + 過去分詞 \cdots、\sim \begin{cases} \text{would, should} \\ \text{could, might} \end{cases} + \text{have} + 過去分詞 \cdots$$

の形である。

If I *had known* your house, I would have visited you.

（ もしあなたの家を知っていたら、私はあなたを訪ねたのだが ）

If you *had* not *helped* me, I could never have finished the homework.

（ もしあなたが手伝ってくれなかったら、私は決して宿題を終えることができなかったでしょう ）

〈注意〉

過去の事実に反対の願望を表すには～+wish（If only）+仮定法の形を使う。I wish I *had bought* the camera. =I am sorry I did not buy the camera. （ 私はあのカメラを買っておけばよかった ）

4. should と were to

should と were to は形は過去であるが、意味の上から仮定法未来

－134－

(Subjunctive Future)と呼ばれることがある。shouldは未来についての漠然たる予想または疑惑を表すが、were to はshouldよりも一層現実性が乏しく述べる事柄にも疑いをもったり、否定的な気持ちが含まれる。

If it *should* rain tomorrow, I would [will] start.
（ 万一あす雨でも私は出発します ）
If she *should* hear of your illness, she would [will] be surprised.
（ 万一彼女があなたの病気のことを聞いたら、彼女はびっくりする
でしょう ）
If you *were to* win a big prize in a lottery, what would you
do with it? （ 仮にあなたが宝くじで大当たりをとったら、それを
どうしますか ）
If I *were to* be young again, I would go to Kyoto.
（ 仮にもう一度若くなれれば、私は京都にいくだろう ）

5. ifの省略

やや文語的な表現で、ifを用いず主語と助動詞または動詞の語順を
逆にして仮定を表すことがある。
Were I you, I would do the same.
=If I were you, I would do the same.
（ 仮に私があなたなら、同じことをするだろう ）
Should I be late, don't wait for me.
=If I should be late, don't wait for me.
（ もし万一私が遅れたら、待たないでください ）

6. if以外の条件を表す形式

仮定の意味がif節以外の語、句などに含まれる場合である。
(1) 主語（名詞）
A little more care would have prevented the traffic
accident. = If they had taken a little more care, they

-135-

would have prevented the traffic accident.

（ もう少し注意していたら、交通事故は防げただろうに ）

A true friend would not do so.

=If he were a true friend, he would not do so.

（ 真の友であったら、そうはしないだろう ）

(2) 不定詞

To hear her speak, you would take her for an American.

= If you heard her speak, you would take her for an American.

（ 彼女が話しているのを聞くと、あなたは彼女をアメリカ人だと思うでしょう ）

To look at him, you could hardly help laughing.

=If you looked at him, you could hardly help laughing.

（ あの人を見れば、笑わずにはいられないでしょう ）

(3) 分詞

Placed in a different order, these words would make no sense. =If these words were placed in a different order, they would make no sense. （ 順序を変えて並べると、これらの語は意味をなさないでしょう ）

The same thing, *happening* in wartime, would amount to disaster. = The same thing, if it should happen in wartime, would amount to disaster. （ 同じことが、万一戦時におこれば大惨事になるだろう ）

(4) 前置詞句

But for water, we could not live.

=If it were not for water, we could not live.

（ もし水がなければ、我々は生きていられないでしょう ）

Without his warning, I would have failed.

= If it had not been for his warning, I would have failed.

（ 彼の警告がなかったら、私は失敗したであろう ）

With a little more care, you could have achieved the task.

-136-

=If you had had a little more care, you could have achieved the task. （もう少し注意していたら、あなたはその仕事をやりとげられたでしょう）

7.　仮定法による慣用表現

　　You *had better* go at once.
　　（あなたはすぐ行ったほうがよい）
　　I *would rather* have lost my money *than* my cat.
　　（私はねこを失うくらいならむしろお金を失うほうがましだ）
　　Bill looked *as if* he had lost his way.
　　（ビルは道にでも迷ったような顔をしていました）
　　It's time we went home. （もう家へ帰る時間です）
　　She is, *as it were*, a walking dictionary.
　　（彼女はいわば生き字引きだ）

練 習 問 題 20

1.　次の各文の誤りを訂正しなさい。
　　(1) I wish I taught you beforehand how to grow it.
　　(2) If you are to go abroad, where would you go?
　　(3) She talks about America as if she has spent her whole life there.
　　(4) If I knew your house, I would have written to you.
　　(5) If I live to be 100 years old, I will be very happy.
　　(6) If it had not rained last night, it is dusty now.
　　(7) If much she could visit us more often.
　　(8) If you hear her sing, you would take her for a singer.
　　(9) If it were stormy tomorrow, I can't go.
　　(10) If I have been there yesterday, I would not be alive now.

2. 次の各文を仮定法を用いて書き換えなさい。

(1) I am sorry I could not be present at the party.

(2) The bus was delayed by the accident, so we arrived late for school.

(3) I can not live without you.

(4) As she is ill, she cannot go out.

(5) I cannot buy a car, because I am not rich.

(6) I did not study hard, so I could not pass the entrance examination.

(7) My brother's illness prevented me from going to the meeting.

(8) She is clever, so she will not make a mistake.

(9) As he did not work hard, he could not succeed.

(10) She treated me like a child.

3. 次の各文を英文に直しなさい。

(1) もし我々がもう少し早めに家を出ていたら、その飛行機にまにあうことができたであろう。

(2) 私はもう一日滞在して、京都を見物すればよかった。

(3) 善良な人ならそんなことはしないだろう。

(4) 彼女はまるで5マイルも走ったかのように疲れたようすでした。

(5) もし万一彼女に会えば、彼女にこの人形を与えて下さい。

(6) ものごとをいかに適切に行うかを、今彼女は学ぶときです。

(7) あなたがもう少し注意していたら、怪我はしないですんだのに。

(8) 曇っていなかったら右手に富士山がみえるのですが。

第14章　態（Voice）

　態（Voice)には能動態（Active Voice）と受動態（Passive Voice)とがある。

　たとえば She respects him.（　彼女は彼を尊敬する　)の文は動作者を主眼として述べた形であるので、これを能動態といい、同じ意味を He is respected by her.（　彼は彼女から尊敬されている　）とすると、動作を受ける者が主眼となる形で、これを受動態という。

§1.　受動態の作り方

　受動態になる動詞は他動詞に限るので、文型からいうと、目的語のある第3文型S＋V＋O，第4文型S＋V＋O＋O，第5文型S＋V＋O＋Cの動詞の場合である。

1.　第3文型の受動態
　They cannot solve the problem with ease.
　（　彼らはその問題を容易にとくことはできない　）
　→The problem cannot *be solved* with ease by them.
　Columbus discovered America in 1492.
　（　コロンブスは1492年にアメリカを発見した　）
　→America *was discovered* by Columbus in 1492.

2.　第4文型の受動態
　目的語は二つあるので、それぞれを主語とした二通りの受動態が原則として可能である。

－139－

Bill gave Tom a camera. （ ビルはトムにカメラをあげた ）

→Tom *was given* a camera by Bill.

→A camera *was given* Tom by Bill.

She teaches us English.

（ 彼女は我々に英語を教えてくれる ）

→We *are taught* English by her.

→English *is taught* us by her.

〈注意〉

　　この第4文型を作る動詞がすべて2種類の受動態が可能であると
いうわけではない。 2種類の受動態が可能な動詞は上にあげた以外
にleave, show, pay, teach, lend, tell などがあり、1種類（ま
れに2種類可能な場合もある）しか可能でない動詞は buy, get,
read, write, sell などがある。Mother bought me this book.
（ 母は私にこの本を買ってくれた ） の文を受動態にすると、This
book was bought me by Mother. とはなるが、I was bought
this book by Mother.　とはならない。

3. 第5文型の受動態

　　He made her his assistant. （ 彼は彼女を助手にした ）

　　→She *was made* his assistant by him.

　The members elected Mr. Black president of the society.

　（ 会員たちはブラック氏をその協会の会長に選びました ）

　　→Mr. Black *was elected* president of the society by the
　　　members.

4. 群動詞の受動態

　　動詞に他の語が結びついて、ひとつの他動詞とみて受動態を作るこ
とができる。

　The whole crowd laughed at her.

　　（ 群衆はみんな彼女を笑った ）

→She *was laughed at* by the whole crowd.

Mother will take care of our cat.

（ 母が猫の世話をするでしょう ）

→Our cat will *be taken care of* by Mother.

5. by以外の前置詞を用いる場合

Snow covered Mt. Asama.

（ 雪は浅間山をおおっていた ）

→Mt. Asama *was covered with* snow.

The news surprised me. （ そのニュースは私を驚かせた ）

→I *was surprised at* the news.

His lecture disappointed us. （ 彼の講義は我々を失望させた ）

→We *were disappointed in* [at] his lecture.

6. 動作の受動態と状態の受動態

The wall *is painted*. ［ 状態受動態 ］

（ 壁はペンキが塗られている ）

The wall *is painted* every year. ［ 動作受動態 ］

（ 壁は毎年塗りかえをする ）

　上の文は動作の結果に伴う状態を表し、下の文は動作そのものを表し、動作であることを明示するのによく時の副詞［句］をつける。

The gate *is shut* until 7 a.m. ［ 状態 ］

（ 門は午前7時まで閉まっている ）

The gate *is shut* regularly at 10 p.m. every day. ［ 動作 ］

（ 門は毎日規則正しく午後10時に閉められる ）

The girl *was dressed* in white. ［ 状態 ］

（ 少女は白い服をきていた ）

The girl *was dressed* by her mother. ［ 動作 ］

（ 少女は母から服を着せてもらった ）

7. 疑問文と命令文の受動態

一般疑問では be 動詞が文頭に出、特殊疑問では By ＋疑問詞の形にして文頭に出す。命令文の受動態は Let を用いて作る。

Do they sell salt by the pound?

（ ポンド単位で塩を売るのか ／ ポンド単位で塩は売られているのか ）

→*Is* salt *sold* by the pound?

Who invented the radio? (だれがラジオを発明しましたか)

→By whom *was* the radio *invented?*

Learn these sentences by heart.

（ これらの文を暗記しなさい ）

→*Let* these sentences *be learned* by heart.

8. 能動受動態

動詞のなかに能動態のままで、受動的な意味を表すものがある。このような動詞の用法を能動受動態という。

This book *sells* well. (この本は良く売れる)

These oranges *peel* easily. （これらのオレンジは皮がむきやすい ）

These potatoes *cook* well. (これらのじゃがいもはよく煮える)

練 習 問 題 21

1. 次の各文の態をかえなさい。

(1) The children ought to observe these regulations.

(2) Sickness prevented me from attending the party.

(3) She has been given lessons in violin by an English lady.

(4) The student looked down upon him.

(5) I found the missing child in the woods.

(6) She left the door open all day.

(7) We took little notice of his advice.

(8) We saw her go out of the room about eight last night.

(9) Is English spoken in that country?

(10) It is said that she is leaving for New York tomorrow.

2. 次の各文の（　　）内に適する前置詞を入れなさい。

(1) He got married (　　) Mary.

(2) It was introduced (　　) Japan by Mr. Brown.

(3) I am acquainted (　　) Mary.

(4) They were all surprised (　　) the news.

(5) The singer is known (　　) everybody.

(6) My cat was killed (　　) the traffic accident.

(7) The liner was caught (　　) a great storm.

(8) The poor dog was run (　　) by the truck.

3. 次の各文を受動態を用いて英文に直しなさい。

(1) これらの子供は外国切手の収集に夢中である。

(2) そのボールは子供たちが探していた。

(3) そのドアがいつ閉められたか知りません。

(4) 雨にあってずぶぬれになりました。

(5) 彼女は大怪我を負った、そしてすぐ入院した。

(6) 私はおばの家で彼に紹介されたのを覚えています。

(7) 英語が世界の貿易の大部分に用いられます。

(8) トムは私たちのクラブのリーダーとみなされている。

第15章　前置詞 (Preposition)

　前置詞 (Preposition) は名詞、代名詞の前に置かれて色々な意味や、他の名詞や動詞などとの関係を表す語である。前置詞の次にくる名詞、代名詞をその前置詞の目的語という。

§1.　用法

1.　「時」を表すもの

(1)　atは時刻、onは一定の日、一日の日の朝晩など、inは月、年、午前そして午後などに用いる。

　I get up *at* seven every morning. (　私は毎朝7時に起きる　)

　She plays soccer *on* Sunday morning.

　(　彼女は日曜日の朝サッカーをする　)

　She came to see me *in* the morning.

　(　彼女は午前中私に会いにきた　)

(2)　byは「〜までには」の意味で完了の期限を表し、tillとuntil は「〜まで」の意味で継続を表す。

　You may go out if you come back *by* seven.

　(7時までに帰ってくるなら出かけてよい　)

　I want to stay here *till* tomorrow.

　(　私は明日までここにいたいのです　)

(3)　since は「〜以来ずっと」の意味で継続を表し、for は「〜の間」の意味で動作や状態が一定の期間続くことを意味する。なお for の後には数を表す語がくる。during は「〜の間じゅう」、「〜の間のある時まで」の意味で特定の期間を表す。

－144－

I have heard nothing form her *since* she left school.
（彼女が学校を出てからなんの便りもありません）
Mr. Smith has been studying Japanese *for* three years.
（スミス氏は3年間ずっと日本語を勉強しています）
He was asleep *during* the lecture.
（彼は講義中ずっと眠っていた）

2. 「場所」を表すもの
(1) atは「小さい町、村」、inは「国、大都市」などに用いる。
I'll be waiting for you *at* the corner of the street.
（私は街角であなたを待っていましょう）
He lives *at* the palace *in* Tokyo.
（彼は東京の大邸宅に住んでいる）
(2) on は接触して「～の上に」の意味を表し、above は「～の上方」、over は「真上」、up は「上方へ」の意味を表す。
There is a book *on* the desk.
（机の上に本がある）
The sun rose *above* the horizon.
（太陽が地平線にのぼった）
The model plane flew *over* the city.
（模型飛行機が町の真上をとんだ）
The monkey is *up* the tree. （ 猿が木にのぼっている ）
(3) beneath は接触して「～の下に」の意味を表し、below は「下に」under は「真下」、down は「下方へ」の意味を表す。
She wore a thin shirt *beneath* her coat.
（彼女は上着の下に薄いシャツをきていた）
The sun has just sunk *below* the horizon.
（太陽がちょうど地平線に沈んだ）
It's cool *under* a big tree. （ 大きな木の下は涼しい ）
The city is situated *down* the Thames.

（ その都市はテムズ川の下流に位置している ）

(4) その他場所を表す前置詞に次のようなものがある。

along（ 沿って ）, across（ 横切って ）, among（ 三つ以上のものの間 ）, between（ 二つのものの間 ）, before, in front of（ 前に ）, behind（ うしろに ）, by, beside, near（ そばに ）, round, around（ 回りに ）, about（ あたりを ）, for（ 向けて ）, into（ の中に ）, toward（ 方に向かって ）, etc.

3. 「原因, 理由」を表すもの

from は「〜から、〜がもとで」の意味を表し、of は「〜で」の意味を表し、through は「〜のために」の意味で、消極的な原因を表し、at は「〜を見て、聞いて」の意味で感情の原因を表す。for は「〜のために」の意味で原因または理由を表す。

She was taken ill *from* eating too much.

（ 彼女は食べすぎて病気になった ）

His father died *of* cancer.

（ 彼の父はがんで死んだ ）

She lost her position *through* her carelessness.

（ 彼女は不注意のため地位を失った ）

I was surprised *at* the news. （ 私はそのニュースに驚いた ）

Shinjuku is noted *for* its high buildings.

（ 新宿は高層建築で有名である ）

4. 「原料、材料」を表すもの

of は材料が製品になってももとの形を失わないときに用いて、from は失うときに用いる。with は何かを満たしたり、おおう材料を、in は write, paint などの動詞と一緒に用いて材料を示す。

Her dress is made *of* silk. （ 彼女の服は絹でできています ）

Wine is made *from* grapes. （ ぶどう酒はぶどうから作られます ）

Fill the pail *with* water. （ 桶に水をいっぱいに入れなさい ）

Write your name *in* [with] ink. (インクで名前を書きなさい)

5. 群前置詞

二つ以上の語がまとまって一つの前置詞の働きをするものを群前置詞という。

As for me, I am not very interested in this sort of magazine.
(私はといえば、この種の雑誌にはあまり興味がありません)
She is working *for the sake of* her family.
(彼女は家族のために働いている)　　sake：ため
He arrived at school on time *in spite of* a heavy rain.
(彼は豪雨にもかかわらず時間どおりに学校に着いた)
その他：
according to (〜によれば)，as to (〜については)，
because of (〜のために)，by way of (〜として，〜経由で)，
in case of (〜の場合)，for fear of (〜を恐れて)，instead
of (〜の代わりに)，for want of (〜がないために)，in
comparison with (〜と比較すれば)，on account of (〜のために)，
in accordance with (〜にしたがって)，etc.

§2.　前置詞の位置

前置詞は本来目的語の前におくが、次の場合は後におく。

1. 目的語が疑問詞の場合

What are you talking *about* ?
(あなたがたは何の話をしているのですか)
Where do you come *from* ?
(出身はどこですか)

2. 目的語が関係代名詞の場合

The office (which) she works *in* is on the second floor.

（ 彼女が働いている事務所は二階にあります ）

3. 不定詞句の場合

That river is dangerous to bathe *in*.

（ あの川は泳ぐのが危険です ）

4. 動名詞句の場合

This matter needs looking *into*.

（ この問題は調査を必要とする ）

5. 受動態の場合

He was made fun *of* by everybody.

（ 彼はみんなからからかわれた ）

練 習 問 題 22

1. 次の各文の （　　） 内に適切な前置詞を入れなさい。

(1) He reminded me （　　） his brother.

(2) He is difficult to deal （　　）.

(3) She arrived （　　） the morning （　　） last Monday.

(4) She stayed in Nara （　　） two years.

(5) Who did you quarrel （　　）?

(6) We'll arrive in Kagoshima （　　） long.

(7) Our school is about ten minutes' walk （　　） here.

(8) I am personally acquainted （　　） him.

(9) Did you buy your watch （　　） 50 dollars?

(10) She telephoned to inform him （　　） her success.

(11) He held the child （　　） the hand.

(12) This tea is superior （　　） that （　　） quality.

(13) You must finish it (　) three hours.

(14) I cannot agree (　) your opinion.

(15) The building is (　) construction.

2. 次の各文を英文に直しなさい。

(1) 妹は午後からデパートへ買い物に行くと言っています。

(2) 新しい服を着てどんなぐあいに見えるかを確かめるために、彼女は鏡をのぞき込んだ。

(3) 私が生まれ、育ったところは鹿児島県の種子島です。

(4) この町の人々は朝から晩までよく働く。

(5) 二、三の誤りがあるほかはあなたの英語は完璧です。

(6) 手の中の一羽の鳥はやぶの中の二羽の鳥の価値がある。
    （ 明日の百より今日の五十 ）

(7) 18歳以下の子供は入場を許されません。

(8) 今日はカメラを持ってこなかった。

練習問題解答例

P. 5〜7　練習問題 1

解答例

1. (1)　主 father　動 went　(2)　主 subject　動 is
   (3)　主 man　動 is　(4)　主 telephone　動 rang
   (5)　主 you　動 bring（主は「なし」でも可）

2. (1) After much consideration（副句）, which piano to buy（名句）
   (2) in the hand（形句）, in the bush（形句）
   (3) for her（副句）, at the station（副句）, till five（副句）
   (4) to see（形句）, in Tokyo（副句）
   (5) between Tom and me（副句）, on the bench（副句）

3. (1) that ~ you（名節）
   (2) If ~ said（副節）, what he said（名節）, that ~ liar（名節）
   (3) As ~ hot（副節）　(4) if ~ now（名節）
   (5) whom ~ on（形節）

4. (1) Tired as I was, I decided to walk on till I got to mountaintop.
   (2) As the world gets smaller, it becomes more necessary to learn English.
   (3) I don't know whether I should go away or stay here.
   (4) I can't adopt your plan, for I don't think it is practicable.
   (5) I never wake before seven o'clock once I get to sleep.
   (6) His parents were so poor that they could not send him to the university.
   (7) I believe that the world will become one not by war but by culture.
   (8) This town has changed very much since I came to live here.
   (9) Because of the storm , the electricity was cut off for several hours.
   (10) My birthday comes round once in four years. Can you guess when it is?

-152-

P. 10　練習問題 2

1. (1) How many books are there on the desk?

   (2) When did Tom come to Japan?

   (3) Where did Jack intend to go?

   (4) What did you mean to give her?

   (5) Who discovered America?

2. (1) Does your dog bark at strangers?

   (2) Be kind to old people.

   (3) Don't be a man like him.

   (4) What good ideas you always hit on!

   (5) Don't speak so fast.

3. (1) Breakfast is ready now, but Tom hasn't got up yet.

   (2) Go to bed early at night, Tom. Then, you can get up early in the morning.

   (3) Her novels are read not only in Japan but also in other countries.

   (4) Go straight on until you come to the crossroads.

   (5) He has many friends because he is generous or sociable.

P. 15, 16　練習問題 3

1. (1) (a) 空き場所、余地（抽名）(b) 部屋（普名）
   (2) (a)（総合的に）頭髪（集名）(b)（一本一本の）髪の毛（普名）
   (3) (a) 石ころ（普名）(b) 石（物名）
   (4) (a) 天賦の才をもった人（普名）(b) 天賦の才（抽名）
   (5) (a) 若さ（抽名）(b) 青年（普名）
   ※抽名＝抽象名詞　普名＝普通名詞　集名＝集合名詞　物名＝物質名詞

2. (1) sheeps → sheep　(2) fruits → fruit
   (3) hand → hands　(4) hundreds → hundred
   (5) peoples → people

3. (1) larks　(2) rings　(3) stories　(4) monkeys　(5) benches
   (6) dishes　(7) wolves　(8) handkerchiefs / handkerchieves
   (9) geese (10) feet　(11) potatoes　(12) heroes　(13) deer
   (14) sons　(15) Americans

4. (1) He is a college student, and politics is the subject which he majors in.
   (2) The peoples of Europe came to realize the human dignity through the Renaissance.
   (3) Everybody feels happy when he has done a kindness.
   (4) She bought a loaf of bread and two pounds of meat.
   (5) The police have not yet arrested the cruel murderer who escaped from the prison.

P. 20, 21　練習問題 4

1. (1) country → country's　(2) boys → boys'
   (3) mother → mother's
   (4) This book's price → The price of this book
   (5) year's → years'
   (6) brother → brother's ,　barber → barber's
   (7) mother → mother's

2. (1) goddess　(2) husband　(3) hen　(4) bridegroom
   (5) cow　(6) duchess　(7) mistress　(8) actor
   (9) aunt　(10) queen

3. (1) This overcoat of my father's is already worn out.
   (2) You can take a horse to the water but you can't make it drink.
   (3) A man is known by the company he keeps.
   (4) Switzerland is famous for her [its] scenic beauty.
   (5) Fortune is often blamed for its kindness.

P. 27　練習問題 5

解答例

1.　(1) it または ourselves　(2) it　(3) they　(4) them
　　(5) They　(6) my　(7) we, you, they どれでも可

2.　(1) 形式目的語　it = to cheat in examination
　　　　試験でカンニングするのは悪いことだと我々は皆考えている。
　　(2) 形式主語　it = to be a mother
　　　　母親の気持ちというものがどんなものかお分かりですか。
　　(3) 前出の名詞をさす。it = a word　単語の意味が分からなければ、辞書で
　　　　調べなさい。
　　(4) 強調構文　it is ～ that…「…なのは～だ」
　　　　まったくのところ、私が見たのは、夢であったのか、雪女であったのか、
　　　　今もってどうもはっきりしないのだ。
　　(5) 形式目的語　it = to authorize your marriage
　　　　そなた二人があまりに愛し合っているので、私は一族なる能登の守に代わ
　　　　り、あなた方の婚姻を許そう。

3.　(1) After working all week, we took it easy on Sunday.
　　(2) What language do they speak in the United States?
　　(3) It is said that he is one of the greatest statesmen of our time.
　　(4) It takes seven minutes to walk from the station to our school.
　　(5) It matters little to her what her husband wears.

P. 31, 32　練習問題 6

1. (1) that　(2) that, those　(3) such　(4) same
   (5) these, those　(6) So, so　(7) that

2. (1) 机の上にはペンや鉛筆や本などがあった。
     and such　（俗語）＝ and so on：など
   (2) 彼女はすぐれた学生であり、どこへ行ってもそのように認められている。
     such = a brilliant student
   (3) 仕事と遊びはともに我々にとって必要である。遊びは我々に安息を与え、
     仕事は活力を与える。
     this は近い方＝the latter：後者
     that は遠い方＝the former：前者
   (4) 彼は毎晩帰宅が遅く、これが彼女を大いに悩ませた。
     this は前出の節 He came …… night,を受ける
   (5) これだけは言っておこう。あなたはどうしてもするべきことはしなけれ
     ばならないんだ。
     this は次に述べることをさす。
   (6) ぼくはおなかがすいているんだ。 − ぼくもだよ。
     後半の So am I. = I'm hungry, too.

3. (1) I made a mistake, and so did Tom.
   (2) I tried to stop their quarrel, but that was not easy.
   (3) I bought the same pencil as I had lost. または I have bought the same
     pencil as I lost.
   (4) Hello. Is that Mr./Ms. Suzuki?　This is Sato speaking.
   (5) She was such a fast runner that I couldn't catch up with her.

-157-

P. 41, 42　練習問題 7

1.　(1) one　(2) other　(3) another　(4) one　(5) others
　　(6) other　(7) another　(8) other　(9) none　(10) neither

2.　(1) (a)　金を与えたかどうか分からなくなっている。
　　　 (b)　今日金を与えたことはわかっている。
　　(2) (a)　彼らの中には、その詩人を尊敬する者もあれば、軽べつする者もある。
　　　 (b)　彼らの中にはその詩人を尊敬しているが、その他の者は軽べつしている。
　　(3) (a)　誰もそれをすることができない。
　　　 (b)　誰も一人ではそれをすることができない。one は man を修飾する。
　　(4) (a)　彼女は部屋の中に何かの動物を飼っている。some は「何か」の意。
　　　 (b)　彼女は数匹の動物を飼っている。some = a few
　　(5) (a)　both は「部分否定」を表す。1人なら可能だが2人共は無理。
　　　 (b)　either はこの文で「全体否定」を表す。1人も2人もどちらにとっても無理。

3.　(1) She attended the meeting, and took neither side in the dispute.
　　(2) You may choose either of these two kittens.
　　(3) All you have to do is to keep quiet. または You have only to keep quiet.
　　(4) They give presents to one another on Christmas Day.
　　(5) One was English, another was American and the third was Japanese.
　　(6) There are two flowers in the vase. One is white, and the other is red.
　　(7) She gave each student a different test.
　　(8) I take a bath every other day.
　　(9) There are four books on the desk, and each has a white cover.
　　(10) She has a white rose and a red one; that is lovelier than this.

-158-

P. 49, 50 　練習問題 8

1. (1) that　(2) which　(3) which または that
   (4) whose　(5) that　(6) as　(7) but　(8) what
   (9) whoever　(10) Whoever

2. (1) She said she had seen me on the street, which was a lie.
   (2) He had three daughters, who all became actresses.
   (3) This is the fountain pen which [that] I bought yesterday.
   (4) That is the school in which she used to teach Japanese.
   (5) Mt. Everest is a high mountain whose summit is covered with snow
   all the year round.

3. (1) The man who [that] is reading a book over there is my uncle George.
   (2) She often tells what she has seen and heard in England.
   (3) Never put off till tomorrow what you can do today.
   (4) Man is the only animal that can make use of fire.
   (5) I want to enter the same university that my brother graduated from.
   (6) All that glitters is not gold.
   (7) This is the book for which I have been looking.
   (8) I take the same magazine as you do.

P. 53　練習問題 9

1. (1) when　(2) where　(3) where　(4) how　(5) However
   (6) why　(7) where　(8) where

2. (1) how　→　why
   (2) in をとる、または where を which か that にかえる
   (3) where　→　when
   (4) which　→　what
   (5) which　→　why または for which

3. (1) We traveled together as for as Tokyo, where we parted.
   (2) I don't understand the reason why I am so happy when (I am) with her.
   (3) However busy you may be, you must eat slowly.
   (4) She came after lunch, when they were assembled.
   (5) How about next Sunday? Let's meet at ten at the park where we often played together.

P. 59, 60 練習問題 10

1. (1) the , the (2) a , the (3) × (4) an , a (5) ×, the (6) ×
   (7) a , a (8) A , a (9) a , × (10) ×

2. (1) from a flower to a flower, → from flower to flower
   (2) church の前に the を入れる。　(3) of のあとに a を入れる。
   (4) school の前に the を入れる。　(5) the をとる。
   (6) his を the にする。　(7) the hour を an hour にする。
   (8) by の後に the を入れる。　(9) The をとる。
   (10) the をとる。

3. (1) She generally goes out in the morning and comes home in the evening.
   (2) I caught her by the arm by mistake.
   (3) How many hours do you think it will take us to cross over the Pacific
      Ocean by airplane?
   (4) Do not attend to two things at a time.
   (5) They live from hand to mouth.
   (6) The mercury stands at 20° in the shade.
   (7) I saw a tall woman and a short woman walking together.
   (8) Mother went to (the) market to get some meat for dinner.

P. 65, 66　練習問題 11

1. (1) a few　(2) a few　(3) small　(4) sleeping　(5) pleased
　　(6) able　(7) many　(8) a few, little

2. (1) She has ten times as many books as I do.
　　(2) hundreds → hundred
　　(3) drunk → drunken
　　(4) Hundred → Hundreds
　　(5) nice something → something nice
　　(6) a few → a little
　　(7) every third days → every third day または every three days
　　(8) soldiers were → soldier was または a brave soldiers → brave soldiers

3. (1) Who left the window open?
　　(2) I was too tired to go any farther.
　　(3) This magazine is small enough to go in my pocket.
　　(4) The importance of English is increasing year by year.
　　(5) The more I know her, the better I came to like her.
　　(6) There is nothing new in today's morning paper.
　　(7) They drove the poor man out of the town.
　　(8) I am glad that she has given up the business.

P. 72, 73   練習問題 12

1. (1) very   (2) much   (3) yet   (4) hard   (5) lately
   (6) once   (7) already   (8) since   (9) much   (10) ever

2. (1) latter → later   (2) pretty → prettily   (3) still → yet
   (4) before → ago   (5) very → much   (6) go never → never goes
   (7) magazine の次に better を入れる。   (8) rapid → rapidly
   (9) like → like better   (10) already → yet

3. (1) I knew the girl because I had seen her several days before.
   (2) She hardly does anything nowadays.
   (3) Computers are already widely used in factories and schools.
   (4) It was a little before noon that I took a train for Lake Kawaguchi.
   (5) I awoke next morning to find the sky is still clear and the sea is smoother.
   (6) I have just enough money for supper.
   (7) I did not rest very well last night.
   (8) It happened shortly before I came home.

P. 83, 84　練習問題 13

解答例

1. (1) wider　(2) more skillfully　(3) deepest　(4) larger
   (5) to　(6) better　(7) longer, more impatient
   (8) better　(9) the oldest　(10) longer, shorter

2. (1) Tom swims more slowly than he.
   (2) George is not as tall as Tom.
   (3) This fountain pen is more expensive than that.
   (4) No other river in Japan is so long as that.
   (5) She arrived earlier than any other girl.
   (6) This is the most interesting book I have ever read.
   (7) No other mountain in the world is so high as Mt. Everest.
   (8) She is the greatest writer that has ever lived.

3. (1) My sister got up much earlier than usual this morning.
   (2) Which is deeper, Lake Tazawa or Lake Biwa? Lake Tazawa is.
   (3) Tom works harder than any other student in his class.
   (4) The more she keeps him away, the more he loves her.
   (5) She is still in her thirties, but she looks old for her age.
   (6) I like her none the less because she has faults.
   (7) This is the second longest river in this country.
   (8) You had better get up as early as possible to catch the first train.

-164-

P. 91, 92　練習問題 14

1. (1) 不完全自動詞　(2) 完全自動詞　(3) 不完全他動詞
   (4) 授与動詞　(5) 完全他動詞　(6) 不完全自動詞
   (7) 授与動詞　(8) 授与動詞　(9) 完全自動詞
   (10) 不完全他動詞、完全自動詞

2. (1) disappointing → being disappointed
   (2) to feel → feel
   (3) to see → to seeing
   (4) finding fault → finding fault with
   (5) became → came
   (6) equals to → equals
   (7) discussed on → discussed
   (8) obey to → obey
   (9) cover over → cover
   (10) take part → take part in

3. (1) advantage　(2) took　(3) drew　(4) recovered
   (5) brought　(6) come　(7) across　(8) make
   (9) give　(10) look　(11) turned　(12) do　(13) put
   (14) takes　(15) put

4. (1) I found that she had kept the room clean.
   (2) Most of their time is spent doing the sights.
   (3) She kept the dining room warm in winter.
   (4) The pupils as well as the teacher are to be praised.
   (5) She insists that her son (should) be sent to hospital at once.

-165-

P. 103, 104　練習問題 15

1. (1) comes　(2) is　(3) will have been learning
   (4) have passed　(5) has been dead　(6) had already spread
   (7) has gone　　(8) had risen　(9) will have read
   (10) did you see

2. (1) gone → been　(2) will begin → begins　(3) have seen → saw
   (4) have often visited → often visited　(5) have been → were
   (6) is → has been　(7) have → had　(8) Is → has been
   (9) is belonging → belongs　(10) have written → wrote

3. (1) When I called her up last night, she had already gone to bed.
   (2) She will have spent all her money by next week.
   (3) English was easy for Machiko because she had lived in England for
       some years.
   (4) Father is always losing his glasses and asking me to look for them.
   (5) When I get home, my wife will be waiting for me at the door.
   (6) Is it true that she is going to America next week?
   (7) I wondered if I had ever met her.
   (8) What have you been doing all this while?
   (9) I noticed that I had lost my way for the first time then.
   (10) The snow which had kept falling since last night did not seem to stop
       this morning.

P. 113, 114　練習問題 16

1.　(1) can't　(2) need　(3) May　(4) must　(5) can
　　(6) used to　(7) need he come　(8) to have come
　　(9) could　(10) dared

2.　(1) hate → should hate または hates
　　(2) has ought to listen → ought to have listened
　　(3) needs → need または inform の前に to をつける
　　(4) might succeed → should succeed または succeeds
　　(5) will → would, might, could どれでも可
　　(6) would miss → should miss, might miss, miss どれでも可
　　(7) used → would または often → to
　　(8) Can → May
　　(9) mustn't → can't
　　(10) may → do

3.　(1) Could you tell me the way to the station?
　　(2) It is strange that Tom (should) have forgotten his promise.
　　(3) I used to go to school by bus, but now I go on foot.
　　(4) We might as well close the shop as keep it open to a few people.
　　(5) She can't have painted this picture. It must have been painted by someone else.
　　(6) You should [ought to] have traveled with us.
　　(7) He must be a rich man to buy such an expensive house.
　　(8) I insisted that she (should) come here, but she would not.
　　(9) When I was young, I used to play tennis with Mr. Suzuki.
　　(10) The man you saw yesterday can't have been Mr. Sato.

P. 119, 120　練習問題 17

1. (1) 形容詞的用法　(2) 形容詞的用法　(3) 副詞的用法
   (4) 名詞的用法　(5) 形容詞的用法　(6) 両方とも形容詞的用法
   (7) 副詞的用法　(8) 名詞的用法　(9) 副詞的用法
   (10) 副詞的用法

2. (1) She seems not to have been there yesterday.
   (2) She seemed not to have seen the sight.
   (3) I opened the window for the bird to go out.
   (4) I think him (to be) an honest man.
   (5) Tom had no friends to talk about the matter with.
   (6) The cap was too small for him to put on.
   (7) This is a problem for him to solve.
   (8) This book is easy enough even for a small boy to read.

3. (1) This radio is too badly broken to be repaired.
   (2) She was kind enough to see us off at the airport.
   (3) To tell the truth, I didn't like the baseball game last night.
   (4) It is impossible for such a fellow to succeed.
   (5) To make matters worse, it began to rain.
   (6) He knows no English, to say nothing of French.
   (7) The boy grew up to be a fine youth.
   (8) I got up early so as to be in time for the first train.
   (9) He gave her a promise to buy a camera for her.
   (10) To say is one thing, but to practice is another.

P. 124, 125　練習問題 18

1. (1) speaking → spoken　(2) speak → speaking
   (3) watching → watched　(4) understand → understood
   (5) takes → taken　(6) wait → waiting　(7) roll → rolling
   (8) paint → painted　(9) calls → called
   (10) cuts → cut（過去分詞）

2. (1) The bus leaves at five, and (it) will arrive there at six.
   (2) When our house was seen from above, it looked like a matchbox.
   (3) If we judge from his accent, he must be German.
   (4) As the door was open, I walked in.
   (5) While he was eating breakfast, Bill read the newspaper.
   (6) Although we admit that he is a great scholar, he can't be called a good man.
   (7) If we speak generally, women are more talkative than men,
   (8) After I had prepared my lessons, I went to bed.

3. (1) The man reading a book over there is her teacher.
   (2) Bill talked to the woman sitting by the fire.
   (3) Tom came in, with his pipe in his mouth.
   (4) (While) studying at her desk, she fell asleep.
   (5) My native place being near the mountain, the weather is changeable in summer.
   (6) In the spray thrown by the fountain I saw a rainbow.
   (7) She kept the gas stove burning all days.
   (8) He never gets excited by anything.

P. 131, 132　練習問題 19

1. (1) working　(2) shining　(3) too post　(4) visiting
   (5) doing　(6) to being　(7) to seeing　(8) closing
   (9) making　(10) cleaning

2. (1) He insisted on her having another cup of coffee.
   (2) On receiving a telegram, she started for home.
   (3) This is a picture of her own painting.
   (4) She is ashamed of her son [son's] having done such a thing.
   (5) I remember seeing the film once.
   (6) I could not help laughing at her.
   (7) She complained of the room [room's] being too hot.
   (8) Richard was surprised at his son [son's] visiting such a place.
   (9) I didn't much wonder at her having gone away
   (10) I am convinced of her visiting us again.

3. (1) In spite of the heavy rain she insisted on starting.
   (2) He repented of having been lazy when (he was) young.
   (3) He is proud of his father [father's] being rich.
   (4) I am sure of your team [team's] winning the game.
   (5) She doesn't like the idea of my [me] learning to ride a motorcycle.
   (6) There is no telling what he will do.
   (7) I remember being taken to Paris when I was a child [in my childhood].
   (8) She served us with strawberries of her own growing

P. 137, 138　練習問題 20

1.　(1) taught → had taught　(2) are → were

　　(3) has → had　(4) knew → had known

　　(5) live の前に were to をいれる。（または live を lived にする。あるいは
　　　　live の前に should を入れる。）will → would.

　　　　※should を入れた場合は will を would にかえなくてもよい。

　　(6) is → would be

　　　　※過去を変えると過去も変わるし現在も変わるので、

　　　　If ~ had ＋過去分詞…、~ { would, should / could, might } ＋…の形がある。

　　　　「もし~であったなら、（今）…なのだが」の意味を表す。

　　(7) much → only　(8) hear → heard

　　(9) can't → couldn't　(10) have → had

2.　(1) I wish I could have been present at the party.

　　(2) If the bus had not been delayed by the accident, we would not have
　　　　arrived late for school.

　　(3) I could not live if it ware not for you.

　　(4) If she were not ill, she could go out.

　　(5) If I were rich, I could buy a car.

　　(6) If I had studied hard, I could have passed the entrance examination.

　　(7) If it had not been for my brother's illness, I could have gone to the
　　　　meeting.

　　(8) If she were not clever, she would make a mistake.

　　(9) If he had worked hard, he could have succeeded.

　　(10) She treated me as if I were a child.

3. (1) If we had left our house a little earlier, we could have caught the airplane.

(2) I wish I had stayed one day longer and done the sights of Kyoto.

(3) If he were a good man, he would not do such a thing. [A good man would not do such a thing.]

(4) She looked tired as if she had run (for) five miles.

(5) If you should meet her, please give her this doll.

(6) It's time she learned how to do things properly.

　※It is time ~過去形… 「…してもよいころだ」 の意味。

(7) If you had been a little more careful, you would not have god hurt.

(8) If it were not cloudy, we could see Mt. Fuji on the right.

P. 142, 143　練習問題 21

1. (1) These regulations ought to be observed by the children.

   (2) I was prevented from attending the party by sickness.

   (3) An English lady has given her lessons in violin.

   (4) He was looked down upon by the student.

   (5) The missing child was found in the woods by me.

   (6) The door was left open all day by her.

   (7) His advice was taken little notice of.

   (8) She was seen to go out of the room about eight last night.

   (9) Do they speak English in that country?

   (10) They say that she is leaving for New York tomorrow.

2. (1) to　(2) into　(3) with　(4) at　(5) to

   (6) in　(7) in　(8) over

3. (1) These children are absorbed in collecting foreign stamps.

   (2) The ball was being looked for by the children.

   (3) I don't know when the door was shut.

   (4) I was caught in the rain and was drenched to the skin.

   (5) She was severely injured and was sent to hospital at once.

   (6) I remember being introduced to him at my aunt's house.

   (7) English is used for the greater part of the world trade.

   (8) Tom is looked upon as the leader of our club.

P. 148, 149　練習問題 22

1. (1) of　(2) with　(3) on, of　(4) for　(5) with
(6) before　(7) from　(8) with　(9)for　(10) of
(11) by　(12) to, in　(13) in　(14) to　(15) under

2. (1) My sister says she will go shopping at a department store in the afternoon.
(2) She looked in the mirror to see how she looked in her new dress.
(3) The place where I was born and brought up is Tanegashima in Kagoshima Prefecture.
(4) The people of this town work hard from morning till evening.
(5) Your English is perfect except that it has a few mistakes.
(6) A bird in the hand is worth two in the bush.
(7) Children of eighteen and under are not admitted.
(8) I have not brought my camera (with me) today.

■執筆編集

中部英語研究会

英語グラマー

発行　株式会社中部日本教育文化会

〒465-0088　名古屋市名東区東本町 177

2004.4.1 初版

2020.4.1 発行